4차원
절대긍정
학교

절대긍정 훈련학교 시리즈 1

4차원 절대긍정 학교

이영훈 지음

The 4th Dimension Absolute Positivity Training School

POSITIVITY

교회성장연구소

| 머리말 |

긍정은 모든 것을 이깁니다. 하나님의 절대긍정의 사랑은 모든 것을 변화시킵니다. 본래 인간은 절대절망과 절대부정의 존재였습니다. 그러나 하나님은 예수님의 십자가를 통해 절대절망을 절대희망으로, 절대부정을 절대긍정으로 바꾸셨습니다. 죄, 죽음, 절망, 고독, 슬픔으로 가득한 이 세상에 예수님이 오시자, 우리 삶 가운데 자리잡았던 모든 부정은 다 사라졌습니다.

죄의 노예에서 하나님의 자녀가 된 그리스도인은 이제 십자가 안에서 새롭게 말하고 새롭게 꿈꾸고 새롭게 행동하는 사람들로 변화되었습니다. 하지만 여전히 옛 사람의 생각과 말과 습관에서 벗어나지 못할 때가 많고, 부정적인 생각과 말과 행동을 할 때도 많습니다. 그렇기에 우리에겐 새로운 절대긍정의 습관을 위한 훈련이 필요합니다.

이 훈련을 도울 수 있도록 『4차원 절대긍정학교』 교재를 만들었습니다. 매 강의마다 자신의 긍정지수를 측정하고 주제 강의와 소그룹 나눔을 갖도록 했습니다. 매 강의마다 묵상할 수 있는 풍성한 성경 구절을 담아서 성경적 원리에 따라 긍정성을 훈련할 기회도 제공하고 있습니다. 오중긍정자신, 타인, 일과 사명, 환경, 미래에 대한 긍정과 삼중훈련긍정언어, 절대감사, 사랑나눔의 훈련을 배우고 실습하며 삶 속에서 긍정의 에너지를 충전하도록 했습니다.

가정에서, 구역이나 소그룹에서, 교회나 기관에서 믿음의 동역자들과 함께 그룹을 구성하여 훈련 교재로 활용하시길 추천해 드립니다. 제가 함께 저술한 『절대긍정의 기적』을 참고하면 더 큰 효과를 경험할 수 있을 것입니다. 절대긍정의 하나님은 여러분의 인생을 위해 놀라운 일들을 계획하고 준비하고 계십니다. 좋은 일이 있을 것을 소망하고 기대하시기 바랍니다. 여러분 모두 이 교재를 통해 절대긍정의 기적을 경험하게 될 것입니다.

여의도순복음교회 담임목사
이 영 훈

1. 학습목표

1) 성경적 원리에 따라 절대긍정과 연관된 말씀을 묵상하고 내면화합니다.
2) 절대긍정의 태도와 믿음의 중요성을 깨닫고 오중긍정과 삼중훈련을 배우고 훈련함으로 절대긍정의 사람으로 변화됩니다.
3) 절대긍정의 습관을 생활화하도록 노력합니다.
4) 소그룹 구성원과 함께 공부함으로 절대긍정의 에너지와 기류Positive Energy and Vibes를 모아 긍정 공동체를 만듭니다.
5) 절대긍정의 사람으로 변화하여 균형 있는 신앙생활을 할 수 있고, 하나님의 꿈과 사명을 이루는 영적 성공자가 됩니다.

2. 내용구성

4차원 절대긍정학교는 각 장마다 다음과 같이 7개의 파트로 구성되어 있습니다.

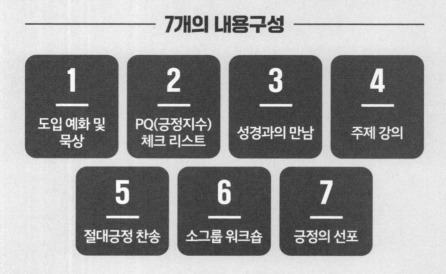

7개의 내용구성

1 도입 예화 및 묵상

2 PQ(긍정지수) 체크 리스트

3 성경과의 만남

4 주제 강의

5 절대긍정 찬송

6 소그룹 워크숍

7 긍정의 선포

교재 활용 방법

— 절대긍정 다이어그램 —

절대긍정의
하나님에 대한 긍정

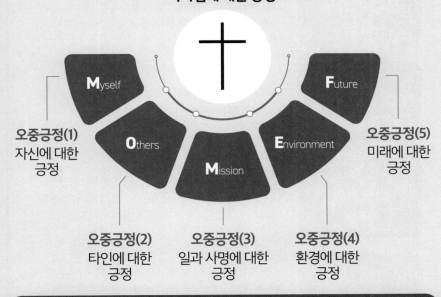

오중긍정(1)
자신에 대한
긍정

Myself

Others

오중긍정(2)
타인에 대한
긍정

Mission

오중긍정(3)
일과 사명에 대한
긍정

Environment

오중긍정(4)
환경에 대한
긍정

Future

오중긍정(5)
미래에 대한
긍정

오중긍정과 삼중훈련(MOMEF PTS)

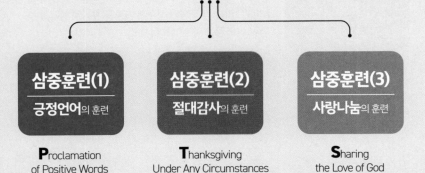

삼중훈련(1)
긍정언어의 훈련

Proclamation
of Positive Words

삼중훈련(2)
절대감사의 훈련

Thanksgiving
Under Any Circumstances

삼중훈련(3)
사랑나눔의 훈련

Sharing
the Love of God

3. 활용방법

① 도입 예화 및 묵상	도입 부분 예화를 읽고 묵상해 보십시오. 예화를 통해 느끼는 생각, 감정, 과거의 경험 등을 나누어 봅시다. 그리고 잠시 묵상한 후에 깨달은 묵상을 함께 나누어 봅시다.
② PQ(긍정지수) 체크 리스트	자신의 긍정지수를 정직하게 체크하며 평가해 봅니다. 10개의 문항마다 매긴 점수를 합산해 보십시오.
③ 성경과의 만남	절대긍정의 각 주제와 연관된 성경 공부를 하는 시간입니다. 성경 본문을 읽고, 5가지 질문에 대한 답을 적어 봅시다. 그리고 그 본문을 통해 깨달은 바를 나누어 보십시오.
④ 주제 강의	절대긍정과 연관된 강의 주제를 공부합니다. 절대긍정의 중요성, 절대긍정의 하나님에 대한 긍정, 오중긍정자신, 타인, 일과 사명, 환경, 미래에 대한 긍정과 삼중훈련긍정언어, 절대감사, 사랑나눔의 훈련을 공부하며 자신에게 적용합니다. 각 문단마다 풍성한 성경 구절을 찾아보고 묵상하며 공부합니다. 그리고 각 주제와 성구에 연관된 자신의 생각과 경험과 비전 등을 나누어 보십시오.

교재 활용 방법

⑤ 절대긍정 찬송

각 장의 주제와 배운 내용을 생각하며 긍정의 찬양을 부르는 시간입니다. 성령의 임재와 도우심을 구하며 간절히 기도하고 함께 찬양하십시오.

⑥ 소그룹 워크숍

절대긍정에 대해 배운 내용을 소그룹으로 나누는 시간입니다. 각 강의를 통해 느낀 점과 다짐을 구성원들에게 이야기하고 믿음으로 바라보며 나누는 것이 중요합니다. 부정적인 생각과 말을 차단하고 긍정의 습관을 갖도록 서로를 격려하십시오. 그리고 오늘의 과제를 성실하게 수행하고 다음 시간에 점검합시다.

⑦ 긍정의 선포

하나님의 말씀은 언제나 긍정적입니다. 절대긍정과 연관된 말씀을 매주 암송하십시오. 각 장에서 배운 주제를 정리하여 선포할 때 힘차게 자기 자신에게 그리고 서로에게 믿음으로 선포하십시오. 그리고 다 함께 큰 소리로 선포문을 외쳐 봅시다. 긍정의 명언을 묵상하고 그 날 배운 부분을 정리하여 메모해 봅니다.

이 교재에 따라 실습하며 학습하는 모든 분은 절대긍정의 사람으로 변화되어 갈 것입니다. 절대긍정지수PQ를 높이면 여러분 인생의 가장 큰 자산이 될 것입니다. 이 공부를 시작하는 여러분에게 하나님의 특별한 은혜와 지혜가 넘치길 바랍니다. 이제 4차원 절대긍정학교 입학 서약서를 작성하고 학습 여행learning journey을 떠나 봅시다.

입학 서약서

나는 《4차원 절대긍정학교》 훈련생으로서
하나님 앞에서 다음과 같이 서약하기 원합니다.

1. 나는 4차원 절대긍정학교 교육이 진행되는 동안 부정적인 생각이나 말은 그 어떤 것이라도 하지 않도록 최대한 노력하겠습니다.

2. 나는 결석이나 지각을 하지 않고 4차원 절대긍정학교 훈련에 성실하게 참여하겠습니다.

3. 나는 긍정지수PQ 체크 리스트를 정직하게 작성하고 솔직하게 나 자신을 평가하겠습니다.

4. 나는 교재에 나타난 절대긍정 학습의 성경구절들을 성실하게 묵상하고 공부하도록 하겠습니다.

5. 나는 주어진 과제와 성구 암송도 성실하게 수행하겠습니다.

6. 나는 함께 배우는 수강생들을 서로 격려하며 긍정의 에너지로 긍정 공동체를 만들도록 노력하겠습니다.

7. 나는 이 학교를 통하여 긍정지수PQ를 높이고 절대긍정의 사람이 되도록 꿈을 품고 노력하겠습니다.

년   월   일

이 름: (인)

Contents

01

절대긍정의
중요성

**The 4th Dimension
Absolute Positivity
Training School**

01 절대긍정의 중요성

미국의 한 독실한 크리스천은 행복한 일보다는 실패와 좌절로 점철點綴된 일생을 보냈습니다. 22살에 사업에 실패했고, 23살에 주의원 선거에서 낙선했고, 24살에 사업에 실패했고, 25살에 주의원에 당선되었는데, 26살에 사랑하는 여인이 죽었습니다. 그래서 27살에 신경쇠약과 정신분열증이 다가왔고, 29세에 의회에서 의장직에 도전했다가 낙선했고, 31세에 대통령 선거위원에서 낙선했고, 34세에 하원의원에 낙선했고, 37세에 겨우 하원의원에 당선되었다가 다시 2년 뒤에 하원에서 낙선했습니다. 그것이 끝이 아니라 46세에 상원의원에 낙선했고, 47대 부통령에 나와서 낙선했고, 49세에 상원의원에 낙선했는데, 이후 51세에 미국의 제16대 대통령으로 당선되었습니다.

그의 이름은 에이브러햄 링컨Abraham Lincoln입니다. 그는 흑인과 노예 해방을 통해 미국의 참된 인권과 평화를 세우는 데 큰 기초를 놓은 하나님의 일꾼이 되었습니다. 그의 일생은 좌절과 실패의 연속인 것 같았지만 낙심하지 않고 절대긍정의 믿음으로 나아가자 하나님이 그를 통해 위대한 일을 이루어주셨습니다.

| 묵상 | 내가 지금까지 살아오면서 겪은 실패는 어떤 것들이 있습니까?
그 과정을 통하여 내가 배운 것은 무엇일까요? |

Positivity Quotient Check List

절대긍정지수 체크 리스트 ☑

당신의 긍정태도지수(PQ)는?

각 문항을 읽고 해당하는 칸에 체크해 봅니다.

측정 문항	전혀 아니다	아니다	보통 이다	그렇다	매우 그렇다
	1점	2점	3점	4점	5점
1. 스트레스를 받을 때 긍정적으로 생각하며 극복하는 편이다.					
2. 부정적인 감정으로 삶의 태도나 방향을 결정하지 않는다.					
3. 고난과 역경을 경험해도 거기서 교훈을 얻고 다시 일어난다.					
4. 평소에 긍정의 힘을 믿고 많이 의식하는 편이다.					
5. 남은 인생과 미래에 대해 큰 기대감을 가지고 있다.					
6. 환경이나 사람들을 바라볼 때 어두운 면보다는 밝은 면을 더 보기 위해 노력하는 편이다.					
7. 내가 잘되는 모습이나 성공하는 모습을 시각화하며 바라본다.					
8. 내 주위에 부정적인 말을 하는 사람보다는 긍정적인 말을 하는 사람이 모여드는 편이다.					
9. 무엇인가를 시작하기 전에 실패할 것 같다고 생각하지 않는다.					
10. 내 안에 사랑과 긍정의 에너지가 많은 편이다.					

각 문항마다 체크한 점수를 합산합니다.
긍정태도지수 합계 (   )점

성경과의 만남

예레미야 29장 10절에서 13절까지 읽어보십시오.

> ¹⁰ 여호와얘께서 이와 같이 말씀하시니라 바벨론에서 칠십 년이 차면 내가 너희를 돌보고 나의 선한 말을 너희에게 성취하여 너희를 이 곳으로 돌아오게 하리라 ¹¹ 여호와얘의 말씀이니라 너희를 향한 나의 생각을 내가 아나니 평안이요 재앙이 아니니라 너희에게 미래와 희망을 주는 것이니라 ¹² 너희가 내게 부르짖으며 내게 와서 기도하면 내가 너희들의 기도를 들을 것이요 ¹³ 너희가 온 마음으로 나를 구하면 나를 찾을 것이요 나를 만나리라

1. 바벨론 포로로 잡혀가 절망에 처한 이스라엘 백성들에게 하나님은 어떤 예언의 메시지를 주고 계십니까? 10절

2. 우리를 향한 하나님의 생각은 어떤 것이라고 말하고 있습니까? 여기서 "내가 아나니"라고 말씀하신 이유는 무엇일까요? 11절

3. 낙심하거나 절망에 빠졌을 때 하나님의 생각과 계획을 알고 소망을 얻는 길은 무엇일까요? 12절

4. 우리가 하나님 앞에 나아갈 때는 어떤 자세를 가져야 할까요? 13절

5. 하나님은 우리가 절대절망의 상황에서도 절대긍정의 소망을 갖기를 원하십니다. 그 이유는 무엇일까요? cf. 렘 29:11; 요 3:16; 사 61:3

절대긍정의 중요성

　　인생에서 가장 중요한 것은 자기 자신에 대한 긍정의 이미지를 창조하는 것입니다. 인생은 내가 생각하는 대로, 내가 바라보는 대로 이루어집니다. 절대긍정의 태도가 우리 인생에서 중요한 이유는 무엇일까요?

1. 긍정적인 사람이 건강하다

　　부정적 생각이나 스트레스가 마음과 육체의 병을 가져오는 경우가 많다고 합니다. 마음에 근심이 있으면 심령이 상하고 뼈도 마르고 건강을 해치게 되지만잠 15:13; 잠 17:22; 시 39:13, 마음이 즐거우면 몸과 마음의 건강에 양약이 될 수 있습니다잠 17:22. 마음의 평안과 즐거움은 긍정적인 생각과 태도를 가진 사람에게 더 많이 나타납니다.

　　미국 국립건강관리소의 에릭 에머슨Eric Emerson 박사는 실험을 통하여 감사의 말이나 긍정적인 언어를 많이 사용하는 사람일수록 몸의 면역력이 높아져서 크고 작은 질병을 이겨내고 훨씬 더 건강하게 살 수 있다는 연구 결과를 발표한 적이 있습니다.

 우리가 가장 힘써 지켜야 할 것은 무엇이고, 그 이유는 무엇일까요? (잠 4:23)

_____

_____

2. 긍정적인 사람이 행복하다

긍정적인 사람이 더 행복합니다. 두 명의 심리학자가 캘리포니아 밀스 대학의 1960년 졸업생 141명의 졸업 사진을 분석한 후, 이 학생들의 일생을 추적 관찰했습니다. 그 결과 마음으로부터 우러나오는 미소뒤센 미소를 지었던 여성들은 높은 성취감, 원만한 대인관계, 안정적인 심리상태, 높은 소득수준을 보이고 있음을 발견했습니다.

오랫동안 행복을 연구해 온 미국의 긍정심리학자 소냐 류보머스키Sonja Lyubomirsky 교수도 "행복을 가져다주는 것은 삶에 대한 긍정적인 자세이다"라고 말합니다. 사도 바울은 감옥 안에서도 "항상 기뻐하라"빌 4:4고 권면했습니다. 환경보다 중요한 것은 내 마음의 태도입니다.

 우리 인생에서 좋은 것을 먹고 마음의 즐거움을 얻으려면 어떻게 해야 할까요? (사 55:2)

3. 긍정적인 사람이 성공한다

인생은 긍정 이미지와 부정 이미지의 싸움이며 사람의 마음은 긍정과 부정의 전쟁터입니다. 건강한 성공을 위해서는 긍정의 이미지를 그려내는 시각화 visualization가 중요합니다. 그래서 성공적으로 부를 일군 사람들이나 운동을 잘하는 사람들도 시각화나 이미지 트레이닝의 중요성을 알고 실천합니다.

에너지가 파동을 일으켜 다른 물체에 반응을 일으키는 것을 '동조 현상'이라고 합니다. 사람의 감정도 동조 현상을 일으킬 수 있고, 긍정적인 생각과 말과 행동도 동조 현상을 일으킬 수 있습니다cf. 잠 27:17. 그러므로 성공하려면 긍정의 에너지를 가진 사람들과 함께해야 합니다. 내가 먼저 긍정 에너지의 동조 현상을 일으켜 긍정 공동체로 만들어야 합니다.

 여러분은 자신에 대하여, 타인에 대하여, 일에 대하여 어떤 이미지를 그리고 있습니까? 또 문제에 대하여, 교회나 회사나 공동체에 대하여 어떤 이미지를 그리고 있습니까? 긍정적 그림입니까, 부정적 그림입니까? (cf. 히 11:1)

4. 긍정적인 사람이 회복탄력성이 크다

회복탄력성resilience은 어떤 역경이나 불행을 겪은 개인 또는 공동체가 좌절하지 않고 다시 회복하여 제자리를 찾거나 더 높이 도약할 수 있는 마음의 탄력과 힘을 의미합니다. 긍정적으로 생각하는 사람은 회복탄력성이 크기에 어떤 고난이 와도 잘 극복합니다. 에미 워너Emmy Werner 교수에 의하면, 회복탄력성의 3가지 요소는 자기조절능력, 대인관계능력, 긍정성인데 여기서 가장 중요한 것은 긍정성입니다. 긍정성을 강화하면 자기조절능력과 대인관계능력을 동시에 높일 수 있고 긍정성을 습관화하면 누구나 회복탄력성을 높일 수 있다고 설명합니다.

긍정적인 사람은 걸림돌도 디딤돌로 바꿀 수 있습니다cf. 삿 3:12-31. 역경에 대한 태도가 그 사람의 긍정성을 드러냅니다. 부정적인 사람은 작은 문제에도 넘어지지만, 긍정적인 사람은 고난도 승화시켜 하나님의 꿈을 이루어갈 수 있습니다시 119:71.

Q 사도 베드로는 우리에게 시험이나 염려가 다가올 때 어떤 자세를 가질 것을 권면 합니까? (벧전 1:6; 벧전 3:14; 벧전 4:12-13; 벧전 5:7)

---

5. 긍정지수PQ, Positivity Quotient를 높이라

사람마다 지능지수IQ와 감성지수EQ가 다른 것처럼, 긍정지수PQ, Positivity Quotient도 각각 다릅니다. 각 장마다 제시된 긍정지수 체크 리스트를 통해 자신의 긍정지수를 평가해 보십시오. 또 교재의 학습과 실습을 통해 긍정지수를 높이시기 바랍니다. 개인의 긍정지수가 높아지면 인생과 믿음 생활에 의미 있는 변화가 일어나고, 공동체의 긍정지수가 높아지면 공동체가 새로워지고 더 고귀한 목표를 이룰 수 있습니다. 여러분 모두가 절대긍정의 기적을 경험하는 주인 공이 될 것입니다.

할 수 있다 해보자

윤용섭

적용을 위한 다짐과 실천

1. 지난 한 주간 동안 나에게 베푸신 하나님의 은혜에 대하여 나누어 봅시다.

2. 지금까지 '절대긍정의 중요성'에 대해 공부했습니다. 오늘 공부에서 느끼고 깨달은 바를 함께 나누어 봅시다 sharing time.

3. 나는 건강을 위해 내 생각을 어떻게 관리하고 있습니까?

4. 나는 지금 행복합니까? 얼마나 행복한지, 또 행복하지 않은 부분이 있다면 왜 그런지 함께 나누어 봅시다.

5. 『4차원 절대긍정학교』 학습을 통해 기대하는 바를 서로 나누어 봅시다.

오늘의 과제	최근 나에게 발생한 문제나 근심거리가 있다면 긍정의 결과를 생각하고 바라보며 글로 기록해 봅시다.

**"모든 지킬 만한 것 중에 더욱 네 마음을 지키라
생명의 근원이 이에서 남이니라"(잠언 4:23)**

"Above all else, guard your heart, for it is the wellspring of life."(Proverbs 4:23)

**"나는 절대긍정의 가치와 중요성을 알고
긍정지수를 높이기 위해 헌신하겠습니다!"**

**"태도는 과거가 쌓여 만든 현재의 모습이자
미래를 알려주는 예언자이다."**

존 맥스웰

4차원 절대긍정학교

02

절대긍정의
하나님에
대한 긍정

The 4th Dimension
Absolute Positivity
Training School

02 절대긍정의 하나님에 대한 긍정

아일랜드의 한 청년이 결혼식을 하루 앞두고, 사랑하는 약혼녀가 익사하는 비극을 만났습니다. 청년은 아픔의 장소와 기억을 피해 캐나다로 갔습니다. 그러나 그곳에 안주하기도 전에, 고향에 계신 어머니가 중병에 걸려 죽음을 기다린다는 소식을 들었습니다. 세상의 모든 불행이 토네이도처럼 몰려오는 것 같았습니다. 그 청년은 힘없이 하나님 앞에 무릎을 꿇고 흐느끼며 부르짖었습니다. "예수님, 어머니의 병을 고쳐주세요. 평생 하나님의 영광을 위해서 살겠습니다."

이때 하나님의 위로와 평강이 그의 마음에 찾아왔습니다. 청년은 고향에 계신 어머니께 편지를 보내 안부를 물었고, 중병을 앓던 어머니가 완전히 나았다는 기쁜 소식을 듣게 되었습니다. 이 청년의 이름은 조셉 스크리븐Joseph M. Scriven 입니다. 스크리븐이 절망 가운데 절대긍정의 믿음으로 드린 기도는 어머니를 살려내는 기적을 일으켰습니다. 그가 기도할 때 떠오른 영감은 '죄짐 맡은 우리 구주'찬송가 369장의 가사가 되었습니다. "시험 걱정 모든 괴롬 없는 사람 누군가 부질없이 낙심 말고 기도드려 아뢰세…"2절

묵상	절대긍정의 믿음으로 기도하면 길이 열립니다(마 7:7). 여러분에게 지금 막힌 길이 있다면 어떻게 기도하며 돌파해 갈지 생각해 봅시다.

Positivity Quotient Check List

절대긍정지수 체크 리스트 ☑

당신의 긍정믿음지수(PQ)는?

각 문항을 읽고 해당하는 칸에 체크해 봅니다.

측정 문항	전혀 아니다 1점	아니다 2점	보통 이다 3점	그렇다 4점	매우 그렇다 5점
1. 내 인생에서 하나님은 가장 중요한 분이시고 내가 가장 사랑하는 분이라고 생각한다.					
2. 기도할 때 하나님이 내 옆에 가까이 계시다고 믿는다.					
3. 예수 그리스도의 십자가가 하나님의 절대긍 정의 사랑을 보여준다고 믿는다.					
4. 어떤 고난과 어려움이 있어도 하나님이 계시 기에 낙심하지 않는다.					
5. 매일 하나님과 교제하고 대화한다.					
6. 바라는 것이 빨리 이루어지지 않을 때 조급하게 생각하기보다는 '하나님의 때가 있을 거야'라고 생각하며 참는다.					
7. 믿음 생활하면서 하나님의 사랑을 크게 감격 하며 느낀다.					
8. 기도할 때 내 안의 낙심과 부정적인 생각이 사라지는 것을 자주 경험한다.					
9. 하나님의 말씀을 매일 읽고 묵상하고 있다.					
10. 선할 때나 악할 때나 평안할 때나 곤고할 때나 다 하나님의 주권 아래에 있다고 믿는다.					

각 문항마다 체크한 점수를 합산합니다.
긍정믿음지수 합계 (   )점

성경과의 만남

히브리서 11장 1절에서 3절과 6절의 말씀을 읽어보십시오.

> [1] 믿음은 바라는 것들의 실상이요 보이지 않는 것들의 증거니 [2] 선진들이 이로써 증거를 얻었느니라 [3] 믿음으로 모든 세계가 하나님의 말씀으로 지어진 줄을 우리가 아나니 보이는 것은 나타난 것으로 말미암아 된 것이 아니니라 … [6] 믿음이 없이는 하나님을 기쁘시게 하지 못하나니 하나님께 나아가는 자는 반드시 그가 계신 것과 또한 그가 자기를 찾는 자들에게 상 주시는 이심을 믿어야 할지니라

1. 오늘 본문은 믿음에 대하여 어떻게 정의하고 있습니까? [1절]
   믿음의 정의를 통해 무엇을 배울 수 있나요?

2. 모든 세계와 피조물이 무엇으로 창조되었다고 말씀하나요? [3절]

3. "보이는 것은 나타난 것으로 말미암아 된 것이 아니다"[3절]라는 말씀의
   의미는 무엇일까요? 4차원의 영성과 연관하여 묵상해 봅시다.
   cf. 조용기, 『4차원의 영성』 교회성장연구소, 2010

4. 하나님을 가장 기쁘시게 하는 것은 무엇입니까? [6절上]
   나는 하나님을 얼마나 기쁘시게 하고 있습니까?

5. 우리가 하나님 앞에 나아갈 때 가져야 할 믿음의 자세는 무엇입니까? [6절下]

4차원 절대긍정학교

절대긍정의 하나님에 대한 긍정

모든 긍정의 시작과 핵심은 하나님에 대한 긍정입니다. 이번 시간에는 성경에 나타난 하나님이 어떤 분이시며 또 하나님에 대해 절대긍정의 믿음을 갖는 것이 왜 중요한지 알아보겠습니다.

1. 하나님은 절대긍정의 하나님

하나님은 절대긍정의 좋으신 하나님이십니다. 하나님은 천지 만물과 인간을 창조하신 후, 보시기에 아주 좋았다고 말씀하셨고창 1:31, 인간이 타락한 이후에도 세상을 지극히 사랑하셔서요 3:16 예수님을 통한 구원의 계획을 세우셨습니다엡 1:4. 기독교 신앙은 예수님의 십자가를 중심으로 한 절대긍정의 신앙입니다.

복음에는 부정적인 요소가 전혀 없습니다. 십자가의 복음은 완전하고 충만한 복음Full Gospel이자, 우리 모두를 향한 하나님의 절대긍정의 메시지입니다. 좋으신 하나님은 우리 영혼이 잘되고 범사가 잘되고 영육 간에 강건하길 원하십니다요삼 1:2. 예수님을 믿으면 영생을 얻고, 성령의 충만을 받고, 영육 간의 치유를 받고, 범사가 잘되며, 예수님의 재림 후에 천국에 들어가게 됩니다. 그래서 복음은 큰 기쁨의 좋은 소식good news, 눅 2:10입니다.

 성경은 "여호와(야훼)의 선하심을 맛보아 알지어다"(시 34:8)라고 말씀합니다. 혹시라도 좋으신 하나님에 대한 신앙이 흔들린 적이 있습니까?

2. 하나님의 주권적 사랑

성경의 주인공은 예수 그리스도시고 성경의 주제는 하나님의 사랑입니다요 3:16; 요일 4:19. 우리를 향한 하나님의 무한한 사랑을 깨닫는다면, 어떤 고통이나 절망이 와도 절대긍정의 믿음으로 하나님을 신뢰할 수 있습니다. 하나님을 사랑하는 자 곧 그의 뜻대로 부르심을 입은 자들에게는 모든 것이 합력하여 선을 이루기 때문입니다롬 8:28. 죄로 오염된 인간 안에는 어떤 긍정적인 것이 없습니다. 그러나 예수님의 십자가는 우리의 모든 부정-을 모든 긍정+으로 바꾸었습니다. 하나님의 사랑과 주권을 믿는 사람은 절대긍정의 믿음을 가지고 나아갈 수 있습니다히 11:6.

하나님은 만세 전에 우리를 택하여 부르시고 사랑하는 자녀로 삼아주셨습니다. "너는 두려워하지 말라 내가 너를 구속하였고 내가 너를 지명하여 불렀나니 너는 내 것이라"사 43:1. 조용기 목사님이 강조하신 4차원의 영성하나님의 생각, 하나님의 믿음, 하나님의 꿈, 그리고 하나님의 말의 핵심은 '하나님의 절대긍정의 사랑'입니다.

 자신을 향한 하나님의 개인적이고 인격적인 사랑을 언제 어떻게 깨달았습니까? (cf. 사 43:1) 생각해 보고, 그 경험을 함께 나누어 봅시다.

_____

_____

3. 어둠 속에도 긍정의 빛을 보이시는 하나님

미술 놀이 중에 모자이크가 있습니다. 모자이크 놀이에는 밝은 색종이와 어두운 색종이가 모두 필요합니다. 밝은 색과 어두운 색을 잘 활용하고 배치해야 아름다운 작품이 탄생합니다. 우리 인생도 마찬가지입니다. 기쁨과 자랑만 아니라 슬픔과 상처, 고난이 모두 합하여 인생이라는 멋진 그림으로 그려집니다. 그러므로 고난과 어둠 속에서도 하나님의 진리와 사랑과 빛을 발견하며사 45:7 절대긍정의 믿음을 잃지 말아야 합니다.

사단은 빌라도 총독과 유대 지도자들을 통해 하나님의 아들을 죽였지만, 하나님은 이 사건을 모든 사람을 위한 구원의 길이 되게 하셨습니다. 꿈꾸는 믿음의 사람 요셉에게는 고난의 13년은 실패가 아니라, 자기를 살리고 민족을 살리는 길이 되었습니다. 요셉은 자신을 배신하고 팔아넘긴 형들에게 하나님의 주권과 사랑의 섭리를 고백했습니다창 50:20. 동방의 의로운 사람인 욥은 재산을 잃고 가족도 잃고 건강마저 잃는 극심한 고난을 겪었습니다. 하지만 욥은 모든 고난 가운데 원망하거나 불평하지 않고 절대긍정의 하나님을 믿음으로 갑절의 축복을 받았습니다욥 1:22; 욥 42:10.

 고난과 절망이 올 때 내가 기억해야 할 것은 무엇일까요? (사 45:7)

_____

_____

4. 기적을 가져오는 절대긍정의 믿음

우리는 하나님이 좋으신 하나님, 신실하신 하나님, 사랑의 하나님이심을 믿어야 합니다. 아무리 삶이 고달프고 힘들어도 절대긍정의 믿음을 가지면 모든 일에 합력하여 선을 이루시는 하나님의 역사를 경험하게 됩니다. 하나님은 우리에게 복을 주시며 꿈과 소망을 주기 원하시는 분이십니다렘 29:11. '하나님께 기도를 드려서 손해를 보는 경우는 한 번도 없다'는 것을 기억해야 합니다. 가장 좋은 계획을 가지고 계신 하나님께서 가장 좋은 때에, 가장 좋은 방법으로 일하실 것을 믿어야 합니다.

우리는 하나님의 미쁘심고후 1:18을 믿어야 합니다. 하나님은 당신을 신실하게 믿는 모든 자를 결코 실망시키지 않으십니다. 하나님은 길이 없는 곳에 길을 만드시고 닫힌 문을 여는 분이십니다. 우리는 할 수 없지만, 하나님은 능히 하실 수 있습니다. 절대긍정의 믿음으로 기도하고 기다리면 기적은 반드시 일어납니다.

 죽음의 위기 앞에서 히스기야는 어떤 태도를 보였습니까? 하나님은 그에게 어떻게 응답해 주셨습니까? (사 38:1-8)

_____

_____

하나님을 사랑하는 자

이영훈

하 나 님 을   사랑하는자 - 그 뜻 대 로 부르심 입은자에게모든

것 이 합 력 하 여   선을이루느니 - 라

절 대 긍 정 절 대 감 사 - 주 님 만   이 나 의소망

모 든 영 광 하 나 님 께 할 렐 - 루 - - 야

할 렐 루 야   할 렐 루 야   할 렐 루 - - 야

적용을 위한 다짐과 실천

1. 지난 한 주간 동안 나에게 베푸신 하나님의 은혜에 대하여 나누어 봅시다.

2. 지금까지 '절대긍정의 하나님에 대한 긍정'에 대해 공부했습니다.
   오늘 공부에서 느끼고 깨달은 바를 함께 나누어 봅시다sharing time.

3. '예수님의 십자가는 모든 부정을 모든 긍정으로 바꾸었다'는 말의 의미를
   묵상하고 나누어 봅시다.

4. 어떤 고난이나 절망 가운데에도 우리가 낙심하지 않고 절대긍정의 믿음을
   가져야 하는 이유는 무엇일까요? 롬 8:28

5. 절대긍정의 믿음의 기도로 하나님의 기적을 경험해 본 사례가 있는지 생각
   해 보고, 함께 나누어 봅시다.

오늘의 과제	성경에서 절대긍정의 믿음을 가진 인물을 3명 뽑아보고 본받을 점을 정리해 봅니다.

4차원 절대긍정학교

**암송
구절**

"우리가 알거니와 하나님을 사랑하는 자
곧 그의 뜻대로 부르심을 입은 자들에게는
모든 것이 합력하여 선을 이루느니라"(로마서 8:28)

"We know that in all things God works for the good of those who love him,
who have been called according to his purpose"(Romans 8:28)

**절대긍정
선포문**

"나는 하나님이 절대긍정의 하나님이심을 믿고
하나님을 전적으로 신뢰하겠습니다!"

**묵상
명언**

"불가능이라는 말을 절대 말하지 말라.
그냥 쓰레기통에 던져버려라."

괴테

03

오중긍정①: 자신에 대한 긍정

The 4th Dimension
Absolute Positivity
Training School

03 오중긍정① : 자신에 대한 긍정

마음씨가 곱고 욕심 없는 착한 거지가 있었습니다. 어느 날 하나님이 그 거지에게 나타나셔서 "너의 소원을 무엇이든지 들어줄 테니 세 가지만 말해 보라"고 말씀하셨습니다. 거지는 한참 고민하더니, 첫 번째 소원으로 구걸할 때 밥과 반찬을 담을 알루미늄 깡통을 달라고 말했습니다. 거지는 두 번째 소원으로 알루미늄 깡통보다 튼튼한 스테인리스 깡통을 갖고 싶다고 했습니다. 하나님은 "너의 마지막 소원이 무엇이냐 내가 구하는 것은 무엇이든 들어주겠다"라고 하셨습니다. 깊은 고민 끝에 거지는 "하나님 마지막 소원입니다. 제게 보온밥통을 허락해 주옵소서"라고 아뢰었습니다. 구걸로 얻은 음식을 따뜻하게 보관할 밥통이 필요했던 것입니다.

이 거지는 왜 이렇게밖에 구하지 못했을까요? 그가 가진 자화상 때문입니다. 전능하신 하나님 앞에 섰지만, 거지의 자화상을 갖고 있기에 그의 기도가 멋진 깡통을 구하는 수준에 머물렀던 것입니다. 긍정적인 미래는 긍정적인 자화상과 긍정적인 생각에서 시작됩니다. 사도 바울은 이렇게 선포합니다. "우리 가운데서 역사하시는 능력대로 우리가 구하거나 생각하는 모든 것에 더 넘치도록 능히 하실 이에게"엡 3:20.

묵상 나의 자화상은 무엇인지, 그것은 내 기도에 어떤 영향을 주는지 생각해 봅시다.

Positivity **Q**uotient Check List
절대긍정지수 체크 리스트 ☑

당신의 자기긍정지수(PQ)는?
각 문항을 읽고 해당하는 칸에 체크해 봅니다.

측정 문항	전혀 아니다	아니다	보통 이다	그렇다	매우 그렇다
	1점	2점	3점	4점	5점
1. 스스로 매력이 있다고 생각한다.					
2. 다른 사람과 비교하며 열등감을 느끼지 않는다.					
3. 하나님이 나를 독특하고 소중하게 만드셨다고 믿는다.					
4. 사랑 받을 수 있는 자격이 충분하다고 생각한다.					
5. 지금 행복하다고 느끼고 있다.					
6. 다른 사람의 험담이나 비판에 크게 좌우되지 않는다.					
7. 나만이 가진 재능과 가치가 있다고 믿는다.					
8. 나 자신을 귀하게 여기고 사랑하고 있다.					
9. 어떤 일을 맡겨도 잘할 수 있을 거라고 생각한다.					
10. 나의 미래 모습을 그리며 선포하고 축복한다.					

각 문항마다 체크한 점수를 합산합니다.
자기긍정지수 합계 (   )점

성경과의 만남

시편 139편 14절에서 18절까지 읽어보십시오.

> [14] 내가 주께 감사하옴은 나를 지으심이 심히 기묘하심이라 주께서 하시는 일이 기이함을 내 영혼이 잘 아나이다 [15] 내가 은밀한 데서 지음을 받고 땅의 깊은 곳에서 기이하게 지음을 받은 때에 나의 형체가 주의 앞에 숨겨지지 못하였나이다 [16] 내 형질이 이루어지기 전에 주의 눈이 보셨으며 나를 위하여 정한 날이 하루도 되기 전에 주의 책에 다 기록이 되었나이다 [17] 하나님이여 주의 생각이 내게 어찌 그리 보배로우신지요 그 수가 어찌 그리 많은지요 [18] 내가 세려고 할지라도 그 수가 모래보다 많도소이다 내가 깰 때에도 여전히 주와 함께 있나이다

1. 본문은 하나님이 우리를 어떻게 창조하셨다고 말하고 있습니까? 14절

2. "나의 형체가 주의 앞에 숨겨지지 못하였다"15절라는 말씀의 의미는 무엇일까요? 욥 34:21; 시 7:9

3. 나를 향한 주님의 생각은 어떠합니까? 17절 "그 수가 모래보다 많도소이다"18절라는 말씀의 의미는 무엇일까요?

4. 우리는 하나님이 주신 사명대로 살아야 합니다. 우리 인생의 날수는 어디에 기록되어 있다고 말합니까? 16절 이 말씀의 의미는 무엇일까요? 시 90:12

5. 톨스토이Lev Tolstoy는 "사람은 빵이 아니라 사랑을 먹고 산다"라고 말했습니다. 우리에게 정말 필요한 영적 양식은 무엇입니까? cf. 사 49:15-16; 마 4:4

오중긍정① : 자신에 대한 긍정

긍정의 생각으로 나의 마음을 지켜야 합니다잠 4:23. 마음을 지키는 가장 중요한 길은 자기 자신에 대한 긍정의 생각입니다. 자기 긍정의 기초가 무너지면 인생의 모든 기초가 무너지게 됩니다.

1. 자기 긍정의 중요성

1) 자기 긍정과 인생의 행복

마귀는 끊임없이 인간의 자화상을 공격하여 부정적인 생각과 낮은 자존감 low self-esteem을 갖게 하고 낙심과 두려움, 상처와 분노, 비교의식과 열등감 등을 우리 마음에 심어 놓습니다. 자신을 존중하고 사랑하지 못하는 사람은 쾌락에 중독되기 쉽고, 또 무엇을 해도 행복을 느끼지 못합니다. 다른 사람과 비교해서 행복한 것이 아니라cf. 고후 10:12, 하나님이 원하시는 자기 긍정의 최상급 인생을 살 때 진정으로 행복할 수 있습니다. 하나님이 내게 주신 재능과 은사와 장점을 묵상하며 감사해 봅시다.

2) 자기 긍정과 대인관계의 성공

자신을 긍정하고 사랑하는 사람이 하나님과 다른 사람을 사랑할 수 있고 대인관계도 성공합니다. 자신을 사랑의 렌즈로 바라보지 못하는 사람은 다른 사람도 사랑의 렌즈로 볼 수 없습니다. 스스로를 보잘것없는 존재로 여기면 다른 사람도 나를 하찮은 존재로 대하게 될 것입니다. 자신에 대해 긍정하고 사랑할 때 다른 사람도 긍정할 수 있고엡 5:28, 다른 사람의 존중을 받을 수 있습니다.

3) 자기 긍정과 하나님의 사명

자기를 긍정하는 사람은 하나님의 목적과 사명을 이루는 인생을 살 수 있습니다. 자신에 대한 자화상self-image이 그의 생각과 기도의 수준을 좌우하게 됩니다. 성령이 충만하게 임하면, 자신의 존귀한 가치와 사명을 깨닫게 되고 하나님의 비전과 꿈God's visions and dreams을 갖게 됩니다욜 2:28.

 나의 장점은 어떤 것들이 있는지 5가지 이상을 적고 나누어 봅시다.

2. 자기 긍정의 방법

1) 내가 하나님의 걸작품임을 기억하라

자기를 긍정하려면 먼저 자신이 창조주 하나님의 걸작품임을 깨달아야 합니다. 유명한 작곡가나 화가가 만든 작품은 모두 명작이 됩니다. 전능하신 창조주 하나님이 직접 만드셨다는 이유 하나만으로도 우리 한 사람 한 사람은 하나님의 걸작품입니다시 139:14. 인류 역사상 '나'라는 존재는 단 한 사람뿐입니다. 자신의 가치를 깨닫고 스스로 존귀하게 여기며 '하나님의 사랑받는 자'의 자화상을 가져야만 합니다.

 성경은 우리가 행복한 자라고 말합니다. 그 이유가 무엇일까요? (신 33:29)

4차원 절대긍정학교

2) 십자가 렌즈로 자기 자신을 보라

십자가를 보면 두 가지 중요한 진리를 깨닫게 됩니다. 첫째, 우리의 죗값이 얼마나 크기에 하나님이 예수님을 죽게 하셨느냐는 것입니다롬 3:23. 둘째, 하나님이 우리를 얼마나 사랑하시기에 그분의 아들을 죽게 하셨느냐는 것입니다갈 2:20. 십자가는 인간의 큰 죄악과 하나님의 크신 사랑을 동시에 보여줍니다. 십자가 렌즈를 통해 하나님 아버지의 위대한 사랑을 느끼고 긍정의 자화상을 가져야 합니다사 49:15-16.

 성경은 우리가 어떤 존재라고 말씀하고 있습니까? (벧전 2:9)

---

3) 나의 연약함도 인정하고 하나님께 맡기라

자기 긍정과 자만은 전혀 다릅니다. 온전한 자기 긍정은 하나님 앞에서 나의 연약함을 철저하게 인정하는 것으로 시작됩니다. 자기의 약함을 아는 사람은 겸손할 수 있고 하나님만 의지하게 되고대하 33:12; 벧전 5:5, 하나님을 향한 절대긍정은 나에게 힘과 용기, 자신감과 비전을 줍니다. 내가 약해도, 허물이 있어도, 환경이 어려워도 하나님을 의지하며 절대긍정의 믿음으로 나아갈 때, 자기 긍정의 자화상을 가지고 하나님의 사명을 이룰 수 있습니다.

 모세와 다윗과 바울이 지은 공통적인 죄는 무엇이며(출 2:12; 삼하 11:15; 행 7:58), 그 안에 담긴 영적인 교훈은 무엇일까요?

---

4) 자기 자신을 예언적으로 축복하라

예언은 하나님의 사랑의 마음으로 하나님의 생각과 말씀을 대언하고 선포하는 것을 말합니다cf. 렘 2:1; 고전 14:1, 3. 예언의 말씀은 먼저 자신에게 적용해야 합니다. 하나님은 아브라함에게 "너는 복이 될지라"창 12:2고 말씀하셨습니다. 아브라함의 후손인 우리도 마찬가지입니다. 예수님을 믿을 때 우리는 복덩어리가 되었습니다갈 3:14. 나를 향한 하나님의 사랑을 아는 사람은 자신을 예언적으로 축복할 수 있습니다. 거울을 바라보며 자신의 이름을 넣어 축복해 보십시오. "○○아(야), 너는 이미 복덩어리가 되었다. 너를 통해 많은 사람이 하늘과 땅의 복을 받게 될 것이다!"

 여러분이 자기 자신을 축복한다면 어떤 식으로 축복할지 실습해 봅시다.

주 안에 있는 나에게

W. J. Kirkpatrick

적용을 위한 다짐과 실천

1. 지난 한 주간 동안 나에게 베푸신 하나님의 은혜에 대하여 나누어 봅시다.

2. 지금까지 '자신에 대한 긍정'에 대해 공부했습니다. 오늘 공부에서 느끼고
   깨달은 바를 함께 나누어 봅시다sharing time.

3. 자기 긍정이 중요한 이유 중에서 여러분 마음에 와닿는 부분은 무엇일까요?

4. 자기 자신을 올바르게 긍정하기 위해 나에게 가장 필요한 부분은 무엇이라
   고 생각하나요?

5. 나의 장점과 은사를 통한 하나님의 비전과 사명을 묵상하고 나누어 봅시다.

오늘의 과제	나 자신의 현재나 미래에 대해 예언적으로 축복하는 글을 써봅시다.

암송 구절

"내 이름으로 불려지는 모든 자 곧 내가 내 영광을 위하여
창조한 자를 오게 하라 그를 내가 지었고
그를 내가 만들었느니라"(이사야 43:7)

"Everyone who is called by my name, whom I created for my glory,
whom I formed and made."(Isaiah 43:7)

절대긍정 선포문

"나는 하나님의 걸작품이며 하나님이 나를 축복하셔서
사용하실 것을 믿습니다!"

묵상 명언

"만약 당신이 긍정적인 마음을 가진다면,
장애물obstacle 대신 기회opportunity를 볼 수 있게 될 것이다."

위다드 아크라위

04

오중긍정②: 타인에 대한 긍정

04 오중긍정② : 타인에 대한 긍정

매년 4월 15일, 미국 메이저리그의 모든 선수는 등번호 42번이 찍힌 유니폼을 입고 경기합니다. 전설적인 야구 선수 재키 로빈슨Jackie Robinson의 첫 출전일을 기념하기 위해서입니다. 재키 로빈슨은 메이저리그 첫 흑인 선수로 1947년 신인왕, 1949년 리그 타격왕과 MVP를 차지했고, 1962년 명예의 전당에 입성하기도 했습니다.

당시는 백인 우월주의가 만연해 있어서 로빈슨은 늘 차별과 조롱에 시달려야 했습니다. 어느 날, 그가 경기 중에 실책을 범했습니다. 관중석에서 큰 야유와 욕설이 터져 나왔고 분위기는 점점 험악해졌습니다. 그때 같은 팀 유격수 피 위 리즈Pee Wee Reese가 로빈슨에게 다가와 그를 끌어안았고 둘은 웃으며 이야기를 나누었습니다. 경기장의 분위기는 순식간에 달라졌습니다. 로빈슨은 이때 자신이 새로 태어났다고 말했습니다. 동료의 격려가 없었다면, 어쩌면 전설로 불리는 선수는 존재하지 않았을지도 모릅니다.

타인에 대한 긍정의 마음으로 환한 미소, 친절한 말 한마디, 격려와 도움의 손길을 전할 때 내 안에 있는 하나님의 사랑이 그에게 전해집니다.

| 묵상 | 나는 만나는 사람들을 하나님의 눈으로 바라보며 친절하게 대하고 있습니까? |

Positivity Quotient Check List
절대긍정지수 체크 리스트 ☑

당신의 타인긍정지수(PQ)는?
각 문항을 읽고 해당하는 칸에 체크해 봅니다.

측정 문항	전혀 아니다 1점	아니다 2점	보통 이다 3점	그렇다 4점	매우 그렇다 5점
1. 타인을 볼 때 단점보다 장점을 보려고 한다.					
2. 나와 생각이 다른 사람과 대화하는 것이 어렵지 않다.					
3. 어려운 상황에 있는 사람을 돕는 것이 기쁘다.					
4. 타인의 감정을 배려하며 귀하게 여긴다.					
5. 사람들을 대할 때 미소와 친절을 잃지 않는다.					
6. 만나는 사람들을 귀하게 여기며 축복하는 마음을 갖고 있다.					
7. 다른 사람을 위하는 것이라면 손해도 감수할 수 있다.					
8. 나를 오해하고 미워하는 사람도 친절히 대할 수 있다.					
9. 사람들을 격려하고 칭찬하는 편이다.					
10. 내게 상처를 주거나 힘들게 한 사람도 용서할 수 있다.					

각 문항마다 체크한 점수를 합산합니다.
타인긍정지수 합계 (   )점

마태복음 20장 25절에서 28절까지 읽어보십시오.

²⁵ 예수께서 제자들을 불러다가 이르시되 이방인의 집권자들이 그들을 임의로 주관하고 그 고관들이 그들에게 권세를 부리는 줄을 너희가 알거니와 ²⁶ 너희 중에는 그렇지 않아야 하나니 너희 중에 누구든지 크고자 하는 자는 너희를 섬기는 자가 되고 ²⁷ 너희 중에 누구든지 으뜸이 되고자 하는 자는 너희의 종이 되어야 하리라 ²⁸ 인자가 온 것은 섬김을 받으려 함이 아니라 도리어 섬기려 하고 자기 목숨을 많은 사람의 대속물로 주려 함이니라

1. 예수님은 세상에서 힘이 있는 사람들은 타인을 어떻게 대한다고 말씀하십니까? 25절

2. 하나님의 자녀들예수님의 제자들은 타인을 어떤 방식으로 대해야 할까요? 26-27절

3. 예수님이 이 땅에 오신 이유는 무엇입니까? 28절

4. 세상의 리더십과 영적 리더십의 차이점은 무엇입니까? 25-27절

5. 본문에서 '타인을 섬긴다'는 말의 의미가 무엇인지 묵상하고 나누어 봅시다.

타인에 대한 긍정

절대긍정의 하나님을 만나면 자신만 아니라 타인에 대한 생각도 달라집니다. 하나님의 눈으로 타인을 보고, 하나님의 귀가 되어 다른 사람의 말을 들어주며, 하나님의 손이 되어 그 사람의 눈물을 닦아주고, 하나님의 발이 되어 외로운 이들과 함께 걸으며 하나님의 사랑을 타인에게 전하는 사람이 되는 것입니다.

1. 타인 긍정의 중요성

1) 하나님 사랑의 증거가 된다

성경은 하나님을 사랑하면서 이웃이나 형제를 사랑하지 않는 일은 불가능하다고 말합니다요일 4:7-8; 갈 5:14. 하나님을 사랑한다고 하면서 그분이 사랑하는 사람들을 미워할 수 없습니다요 3:16. 하나님 사랑은 이웃 사랑의 이유이며, 이웃 사랑은 하나님 사랑의 열매입니다.

2) 축복의 통로가 된다

하나님은 아브라함에게 "너는 복이 될지라… 땅의 모든 족속이 너로 말미암아 복을 얻을 것이라"창 12:2-3는 약속의 말씀을 주셨습니다. 그를 통해 온 땅의 모든 민족이 하나님을 아는 복을 누리기를 원하셨기 때문입니다. 하나님께서 아브라함에게 주신 말씀은 오늘 우리에게도 적용됩니다. 내가 믿음으로 축복의 통로가 될 때 하나님의 은혜와 사랑이 내 주위 사람과 교회, 국가와 열방으로 흘러가게 될 것입니다.

3) 나 자신에게도 유익을 준다

미국의 심리학자 애덤 그랜트Adam M. Grant는 '자기 이익을 우선하는 사람taker'

이나 '받은 만큼 주는 사람matcher'보다 '남의 이익을 먼저 생각하는 사람giver'이 성공하는 확률이 훨씬 크다고 말합니다cf. 행 20:35. 배려와 친절이 더 좋은 관계를 형성하게 함으로써 나와 상대방 모두 성공하게 만들어 준다는 것입니다. 다른 사람을 긍정하고 그의 성공을 돕는 것이 내가 성공하는 비결입니다cf. 눅 6:38.

 사도 바울은 "존경하기를 서로 먼저 하며"(롬 12:10) 라고 말합니다. 그 이유가 무엇인지, 말씀의 의미를 묵상해 봅시다.

2. 타인 긍정의 방법

1) 긍정의 말을 하라

관계 전문가 존 가트맨John M. Gottman 박사는 행복한 부부는 긍정의 말을 부정의 말보다 최소 5배 이상 많이 사용하고 있다고 말했습니다. 이것을 가트맨의 5대 1의 법칙이라고 합니다. 타인을 대할 때 인정과 격려와 칭찬과 같은 긍정의 말을 많이 하는 것이 중요합니다잠 27:21. 미국의 정치가 벤저민 프랭클린Benjamin Franklin은 "성공의 비결은 험담을 하지 않고 상대의 장점을 드러내는 데 있다"라고 말했습니다. 긍정의 말은 우리를 성공적인 대인관계로 이끌어 줍니다.

 긍정적인 선한 말은 몸과 마음에 어떤 영향을 미칩니까? (잠 16:24)

4차원 절대긍정학교

2) 축복의 말을 하라

복의 근원은 하나님이시지만창 1:28, 그 복은 믿음의 사람의 말에서 시작됩니다민 6:27; 대하 30:27. 하나님은 왕 같은 제사장인 우리에게 축복의 권세를 주셨습니다민 23:20; 시 118:26. 비방이나 저주의 말을 하게 되면 나 자신에게 해가 옵니다시 109:18. 그러므로 우리는 가족들과 자녀들을 축복하고삼하 6:20; 창 49:28, 윗사람도 축복하며왕상 1:47, 불신자들도 축복해야 합니다창 47:10. 우리를 핍박하는 사람도롬 12:14, 먹는 음식도막 8:7, 우리의 미래도 축복할 수 있습니다히 11:20. 우리는 죽기 전까지 사람들을 축복하는 거룩한 사명을 감당해야 합니다신 33:1.

 사도 바울은 로마 교회 성도들에게 갈 때 무엇을 가지고 갈 것이라고 말합니까? (롬 15:29)

3) 친절하게 행동하라

친절Kindness, 자비은 성령의 9가지 열매 중 하나입니다갈 5:22-23. 탈무드에는 "낯선 사람에게 친절하게 하는 것은 천사에게 친절을 베푸는 것과 같다"라는 말이 있습니다cf. 히 13:2; 창 18장. 하나님은 우리가 다른 사람에게 하는 친절한 행동과 말을 모두 지켜보고 계십니다. 우리의 마음과 행위가 친절하지 않으면, 하나님의 성령이 근심할 수 있습니다엡 4:30-32. 또 친절한 자는 존경을 받고잠 19:22; 롬 12:10, 큰 보상을 받을 수 있습니다창 40:6; 행 28:7-10.

오병이어 기적의 시작이 된 어린아이의 모습을 통해 무엇을 배울 수 있을까요? (요 6:9)

_____

_____

4) 품고 용서하라

우리는 매일 용서받고 용서하며 살아야 합니다. 주기도문은 일용할 양식, '용서'라는 정신적인 양식, 시험과 악에 빠지지 않는 영적인 양식을 위해 기도해야 함을 가르쳐 줍니다마 6:11-13. 하나님이 먼저 우리를 용서하셨기에 우리도 다른 사람을 용서해야 합니다마 18:21-35. 또 용서는 무엇보다 나 자신을 위한 것이기도 합니다마 6:14-15. 서로 불쌍히 여기며 용서하는 것이 하나님의 은혜입니다엡 4:32; 창 50:20.

유명한 미술가 루오의 작품 중에 「향나무는 자기를 찍는 도끼날에도 향을 묻힌다」라는 제목의 판화가 있습니다. 이 말의 의미를 생각해 보십시오.

_____

_____

야곱의 축복

김인식

적용을 위한 다짐과 실천

1. 지난 한 주간 동안 나에게 베푸신 하나님의 은혜에 대하여 나누어 봅시다.

2. 지금까지 '타인에 대한 긍정'에 대해 공부했습니다. 오늘 공부에서 느끼고 깨달은 바를 함께 나누어 봅시다sharing time.

3. 다른 사람에 대한 비방이나 험담이 왜 나쁜 것인지, 어떤 부정적인 결과를 가져오게 되는지 나누어 봅시다.

4. 내가 받았던 격려의 말이나 칭찬의 말을 통해 큰 위로와 힘을 얻은 경험이 있다면 나누어 봅시다.

5. 타인 긍정의 4가지 방법 중에서 내게 부족한 부분이 무엇이며 어떻게 발전시킬 수 있을지 생각해 봅시다.

오늘의 과제	내 가족이나 지인 중 한 명을 정하여 그에 대한 긍정과 격려와 칭찬의 말을 써보고 나누어 봅시다.

4차원 절대긍정학교

**암송
구절**

"서로 친절하게 하며 불쌍히 여기며 서로 용서하기를
하나님이 그리스도 안에서
너희를 용서하심과 같이 하라"(에베소서 4:32)
"Be kind and compassionate to one another, forgiving each other,
just as in Christ God forgave you."(Ephesians 4:32)

**절대긍정
선포문**

"나는 타인을 존중하고 사랑하며
하나님께서 나를 통해 그들을 축복하실 것을 믿습니다!"

**묵상
명언**

"손해를 본 일은 모래 위에 기록하고
은혜를 입은 일은 대리석 위에 기록하라."
벤저민 프랭클린

05

오중긍정③: 일과 사명에 대한 긍정

The 4th Dimension Absolute Positivity Training School

05 오중긍정③ : 일과 사명에 대한 긍정

　한 소년이 13살에 아버지를 여의고 14살에 시력을 잃는 시련을 겪었습니다. 아들의 실명 소식에 충격을 받은 어머니는 얼마 안 되어 세상을 떠나셨고 동생들을 돌보던 큰 누나까지 과로로 세상을 등지고 말았습니다. 남은 세 남매는 뿔뿔이 흩어졌고, 사람들은 "시각장애인은 안마사나 점쟁이밖에 할 수 있는 게 없다"라고 말했습니다. 그러나 절망적인 상황에서도 하나님을 굳게 믿었던 소년은 희망을 잃지 않았습니다. 하나님이 주시는 꿈을 품고 연세대학교에 입학했고 미국 피츠버그대학교에서 교육학 박사 학위까지 받았습니다. 미국 국가장애위원회 정책분과위원장으로 장애인들을 위한 각종 정책을 수립하는 일에 참여했습니다. 지금은 천국에 가신, 강영우 박사님의 이야기입니다.

　강영우 박사님은 자신의 인생에 대해 이렇게 이야기합니다. "하나님은 나에게, 실명이라는 약점을 통해 아름다운 세상을 만들어가는 수많은 사람을 만날 기회를 주셨습니다. '실명에도 불구하고'가 아니라 '실명을 통해서' 오늘의 놀라운 축복을 누리게 된 것입니다."

묵상	약점을 통해서도 하나님의 사명을 이룰 수 있습니다(삿 3:15; 고후 12:7-9). 나 자신은 어떠한지 묵상해 봅시다.

Positivity Quotient Check List
절대긍정지수 체크 리스트 ☑

당신의 사명긍정지수(PQ)는?
각 문항을 읽고 해당하는 칸에 체크해 봅니다.

측정 문항	전혀 아니다 1점	아니다 2점	보통 이다 3점	그렇다 4점	매우 그렇다 5점
1. 내가 하고 있는 일을 즐기고 있다.					
2. 내가 하는 일이 하나님의 사명이라고 생각한다.					
3. 어려운 일을 만나면 포기하기보다 도전하고 싶은 마음이 생긴다.					
4. 일할 때 아이디어가 종종 떠오르는 편이다.					
5. 일하기 전에도, 일을 할 때도 하나님께 기도한다.					
6. 일할 때 주위 사람들을 배려하며 친절하게 일한다.					
7. 일할 때 열정을 가지고 한다.					
8. 어디서나 맡겨진 일에는 작은 것이라도 최선을 다한다.					
9. 나이가 들었다고 일이 없거나 사명이 끝났다고 생각하지 않는다.					
10. 일을 더 잘하기 위해 체력관리도 잘하는 편이다.					

각 문항마다 체크한 점수를 합산합니다.
사명긍정지수 합계 (   )점

에베소서 6장 5절에서 8절까지 읽어보십시오.

> ⁵ 종들아 두려워하고 떨며 성실한 마음으로 육체의 상전에게 순종하기를 그리스도께 하듯 하라 ⁶ 눈가림만 하여 사람을 기쁘게 하는 자처럼 하지 말고 그리스도의 종들처럼 마음으로 하나님의 뜻을 행하고 ⁷ 기쁜 마음으로 섬기기를 주께 하듯 하고 사람들에게 하듯 하지 말라 ⁸ 이는 각 사람이 무슨 선을 행하든지 종이나 자유인이나 주께로부터 그대로 받을 줄을 앎이라

1. 우리는 어떤 자세로 일해야 할까요? 5절

2. 사람을 기쁘게 하는 일과 하나님을 기쁘시게 하는 일의 차이점은 무엇일까요? 6절

3. 그리스도인에게 일이란 누구를 섬기는 것이며 그 일의 최종 평가자는 누구일까요? 7절

4. 우리가 일터에서 최선을 다해야 하는 궁극적인 이유는 무엇일까요? 8절

5. 성경에 보면 성실한 마음으로 최선을 다해 일함으로써 하나님과 사람 앞에 칭찬받은 사람들이 있습니다창 24장; 창 39:21-23. 나는 어떤지 묵상해 봅시다.

일과 사명에 대한 긍정

자신을 긍정하고 타인을 긍정하는 사람은 자신에게 맡겨진 일도 긍정하며 사명감을 가지고 일합니다. 주어진 자리에서 성실히 일할 때 하나님이 우리와 함께하시며 우리가 하는 일에 복을 내려주십니다.

1. 일에 대한 긍정의 중요성

1) 일을 통해 하나님을 섬기고 예배한다
우리는 무슨 일을 하든지 사람에게 하듯 하지 말고 주께 하듯 해야 합니다골 3:23. 일도 하나님을 향한 예배가 될 수 있기 때문입니다. 로버트 모레이Robert Morray는 "예배는 삶의 전부가 되어야 한다Worship is all of life"라고 말했습니다. 교회 예배당에서만 아니라 가정이나 직장, 어디서 무엇을 하든, 하나님을 섬기고 예배할 수 있습니다요 4:24.

2) 일을 통해 하나님의 사명을 이룬다
사람에게는 네 가지 중요한 만남이 있다고 합니다. 이것을 4M으로 표현하는데, Master인생의 주인이신 하나님, Mate인생의 반려자, Mentor참된 스승, 멘토, 그리고 Mission인생의 사명을 가리킵니다. 절대긍정의 하나님을 만나게 되면 자기 인생에 주어진 사명을 발견할 수 있습니다. 그리하여 자신이 하는 일의 가치를 바로 알고 목적이 이끄는 삶Purpose-driven life을 살아갈 수 있게 됩니다.

3) 일을 통해 하나님 영광을 나타낸다
사람들은 하나님의 일과 세상의 일을 나누어 생각합니다. 그러나 독일의 종교개혁자 마르틴 루터Martin Luther는 "각자 자기 직업을 통해 이웃을 섬기는 일이 곧 세상을 예배로 가득 채우는 길이다"라고 말했습니다. 이 세상은 하나님이 만드셨고, 하나님은 우리를 통해 세상을 다스리십니다창 1:28. 어디에서 무슨 일을 하든지 마음과 정성을 다할 때 우리가 하는 일이 하나님의 사명이 될 수 있습니다시 119:30. 또 그 일을 통해 행복과 성공을 누리고 하나님의 영광을 나타낼 수 있습니다.

 요셉은 애굽에서 주인 보디발과 간수장과 감옥 안의 두 관원장을 잘 섬겼습니다(창 39:4; 창 39:21; 창 40:4). 그 결과 어떤 일이 일어났습니까? (창 39:3-4; 창 39:23; 창 41:9-44)

_____

_____

2. 일과 사명의 긍정의 방법

1) 직부심을 가지라

'직부심'은 직업에 대한 소명 의식과 자부심을 뜻합니다. 같은 일도 어떻게 생각하느냐에 따라 일에 대한 마음가짐이 달라집니다. 우리에게 만왕의 왕이신 하나님의 자녀라는 영적 자부심이 있다면, 주어진 일을 귀하게 여기며 기쁘게 일할 수 있습니다벧전 2:9.

 지금 내가 하는 일은 누구를 섬기는 것일까요? (골 3:23)

_____

_____

2) 작은 일에도 성실하고 최선을 다하라

세상에서 가장 행복한 사람은 즐거운 마음으로 땀 흘려 일하는 사람입니다. 심은 대로 거두는 것이 인생입니다갈 6:7. 하루하루 땀을 흘리며 성실히 살지 않으면잠 6:8, 하늘의 은혜와 축복을 받을 수 없습니다. 하나님이 성실하시므로 우리도 성실해야 합니다. 이 세상에서 가장 중요한 시간은 바로 지금임을 알고 주님의 성실을 우리 먹거리식물로 삼아야 합니다시 37:3.

 일과 관련하여 사도 바울이 데살로니가 교회의 성도들에게 권면한 내용은 무엇입니까? (살전 4:11)

_____

_____

3) 열정을 가지고 일하라

열정enthusiasm은 성공자의 DNA입니다. 하나님은 일하시는 하나님이시며 구속 사역을 위해 생명도 아끼지 않으셨던 예수님은 지금도 우리를 위해 일하고 계십니다요 5:17. 하늘에서 성령을 보내주시며요 16:7, 중보기도를 하시고롬 8:34; 히 7:25, 천국 처소를 예비하고 계시며요 14:3, 마지막 구원 사역을 진두지휘하고 계십니다계 7:10. 우리도 예수님을 본받아 열정을 가지고 일해야 합니다. 날마다 하나님으로부터 열정의 에너지를 공급받도록 기도해야 합니다.

 성경에서 가장 열정적인 사역자로 느끼는 사람이 누구인지 또 그 이유가 무엇인지 함께 나누어 보십시오.

_____

_____

4) 죽을 때까지 사명감을 가지라

현재, 한국인의 평균 수명은 약 84세입니다. 우리는 죽을 때까지 사명감을 가지고 일해야 합니다. 아브라함은 75세에 부름을 받았고, 모세는 80세에 출애굽의 사명을 받았으며, 갈렙은 85세에 헤브론 산지를 정복했습니다. 사명이 끝나지 않는 한, 우리의 삶도 끝나지 않습니다. 하나님 앞에 서는 날까지, 맡겨진 사명을 위해 멈추지 말고 전진해야 합니다.

 갈렙이 85세의 나이에도 사명을 위해 일하기를 멈추지 않았던 원동력은 무엇인지 생각해 보십시오(수 14:10-12).

주님 다시 오실 때까지

고형원

적용을 위한 다짐과 실천

1. 지난 한 주간 동안 나에게 베푸신 하나님의 은혜에 대하여 나누어 봅시다.

2. 지금까지 '일과 사명에 대한 긍정'에 대해 공부했습니다. 오늘 공부에서 느끼고 깨달은 바를 함께 나누어 봅시다sharing time.

3. 하나님이 나에게 주신 특별한 재능과 사명은 무엇이라고 생각하나요?

4. 나로 하여금 열정을 불러일으키는 비전이나 일은 무엇이 있을까요?

5. 지금 내 나이가 어떻게 됩니까? 이제 여생을 어떤 식으로 살겠습니까? 결단의 시간과 기도의 시간을 가져 봅시다.

오늘의 과제	자신의 사명 선언문(Mission Statement)을 만들어 봅시다.

"무슨 일을 하든지 마음을 다하여 주께 하듯 하고
사람에게 하듯 하지 말라"(골로새서 3:23)

"Whatever you do, work at it with all your heart,
as working for the Lord, not for men."(Colossians 3:23)

절대긍정
선포문

"나는 하나님이 나를 부르신 일과 사명에 대해 감사하며
성실하게 감당하기로 다짐합니다!"

묵상
명언

"거룩한 마음으로 세상의 직업에 충실하면
그것은 하나님께 바치는 삶의 일부가 된다."

토저

06

오중긍정④: 환경에 대한 긍정

The 4th Dimension
Absolute Positivity
Training School

06 오중긍정④ : 환경에 대한 긍정

2000년 7월, 한 운전자가 만취 상태로 차를 몰다가 7중 추돌사고를 냈습니다. 사고의 피해자 중에는 오빠가 몰던 차를 타고 집으로 가던 한 학생도 있었습니다. 23살의 이지선 씨는 전신 55%에 3도 중화상을 입었고 당시 기준 안면 장애와 지체 장애 1급을 진단받았습니다. 사고 이후, 수십 번의 수술과 엄청난 고통의 시간이 그녀를 기다리고 있었습니다. 하지만 이지선 씨는 원망하고 절망하는 대신, 자신의 상황을 긍정적으로 바라보며 하루하루 자신의 삶을 만들어갔습니다. 23년 후, 교수가 되어 모교인 이화여자대학교로 돌아온 이지선 씨는 이렇게 말합니다. "사고 이후 하나님을 바라보는 제 시각에도 완전한 변화가 생겼어요. 하나님이 계획하신 일에, 하나님이 시나리오를 쓰시고 감독하시는 영화에서 나는 출연자임을 깨닫게 되었어요."

하나님은 우리 인생의 영화감독이십니다. 하나님은 인생의 기쁨과 슬픔, 성공과 실패, 강함과 약함의 모든 순간을 가지고 멋지고 감동적인 영화나 교향곡 symphony을 만드십니다. 그러므로 문제를 만날 때 당황하거나 두려워하지 마십시오.

묵상	인생을 살다 보면 뜻하지 않은 어려움을 만나게 될 때가 있습니다. 나는 이런 상황에 대해 어떻게 받아들이고 대처하고 있는지 생각해 봅시다.

Positivity **Q**uotient Check List

절대긍정지수 체크 리스트 ☑

당신의 환경긍정지수(PQ)는?
각 문항을 읽고 해당하는 칸에 체크해 봅니다.

측정 문항	전혀 아니다	아니다	보통 이다	그렇다	매우 그렇다
	1점	2점	3점	4점	5점
1. 문제가 다가올 때 먼저 불평하지 않는다.					
2. 과거의 상처를 곱씹으며 괴로워하지 않는다.					
3. 내게 일어나는 모든 일과 환경도 하나님 섭리 가운데 있다고 믿는다.					
4. 하나님이 내게 주신 은혜를 상기하며 힘을 얻는다.					
5. 어려운 상황이 닥쳐도 하나님이 합력하여 선을 이루실 것을 믿는다.					
6. 내가 속한 공동체에 대해 긍정적으로 생각하 는 편이다.					
7. 내가 출석하는 교회를 위해 기도하며 사랑한다.					
8. 내가 다니는 회사(직장)를 아끼며 귀하게 여긴다.					
9. 함께 속한 공동체 사람들을 비판하지 않는다.					
10. 사람들과 함께 하거나 일할 때 항상 긍정적 인 태도를 갖는다.					

각 문항마다 체크한 점수를 합산합니다.
환경긍정지수 합계 (   )점

민수기 14장 1절에서 9절까지 읽어보십시오.

> ¹ 온 회중이 소리를 높여 부르짖으며 백성이 밤새도록 통곡하였더라 … ³ 어찌하여 여호와야훼가 우리를 그 땅으로 인도하여 칼에 쓰러지게 하려 하는가 우리 처자가 사로잡히리니 애굽으로 돌아가는 것이 낫지 아니하랴 … ⁸ 여호와야훼께서 우리를 기뻐하시면 우리를 그 땅으로 인도하여 들이시고 그 땅을 우리에게 주시리라 이는 과연 젖과 꿀이 흐르는 땅이니라 ⁹ 다만 여호와야훼를 거역하지는 말라 또 그 땅 백성을 두려워하지 말라 그들은 우리의 먹이라 그들의 보호자는 그들에게서 떠났고 여호와야훼는 우리와 함께 하시느니라 그들을 두려워하지 말라 하나

1. 온 회중이 소리를 높여 부르짖으며 백성이 밤새도록 통곡한 이유는 무엇일까요? 1절; 민 13:31-33

2. 이스라엘 백성들은 하나님에 대해 어떤 오해를 하고 있나요? 3절

3. 여호수아와 갈렙은 어떤 믿음의 고백을 하고 있나요? 8절

4. 여호수아와 갈렙은 이스라엘 백성들에게 어떻게 믿음의 권면을 하고 있나요? 9절

5. 여호수아와 갈렙이 보여준 절대긍정의 믿음에서 우리가 본받아야 할 점은 무엇일까요?

환경에 대한 긍정

우리의 생각이나 행동은 환경의 영향을 받습니다. 반대로 우리가 가진 태도가 환경에 영향을 미치기도 합니다. 고난의 환경에서 문제보다 더 중요한 것은 문제를 대하는 긍정의 태도입니다. 내가 속한 공동체의 어려움도 긍정의 힘으로 이겨내야 합니다. 어떤 문제나 환경에 처해 있든지 좋으신 하나님께서 모든 것을 주관하고 계심을 믿어야 합니다대상 29:11; 롬 8:28; 시 18:16.

1. 문제 긍정의 방법

1) 부정적 과거를 청산하라

어떤 문제에서 헤어 나오지 못하거나 문제를 일으키는 사람에게는 공통된 특징이 있습니다. 과거의 실수나 실패, 마음의 상처를 끊임없이 되새기는 것입니다. 하나님은 우리에게 새 일을 행하시기 전에 먼저 과거를 청산하라고 말씀하십니다사 43:18; 벧전 4:3. 실패한 과거는 미래를 비추는 거울로, 성공의 경험은 더 높은 도약을 위한 디딤돌로 삼아야 합니다. 과거의 죄와 상처에서 벗어나시 103:12, 변화된 마음, 새로운 비전을 가질 때겔 36:26 문제를 극복하고 성공할 수 있습니다.

 십자가 밑에 버려야 할 나의 부정적 과거는 무엇입니까? (갈 2:20) 이 시간에 회개하고 기도하며 예수님의 보혈을 의지하여 자기 자신을 용서하고 새로운 출발을 다짐하십시오.

2) 영적 랜드마크를 기억하라

문제를 만났을 때 과거의 긍정적 경험을 기억하는 것이 중요합니다. 랜드마크는 건물이나 상징물, 조형물 등을 통해 어떤 장소를 상징적으로 대표하는 것을 가리킵니다. 사무엘이 블레셋과 싸워 이겨 에벤에셀Ebenezer이라는 비석을 세운 것처럼, 믿음의 여정에도 영적 랜드마크가 필요합니다삼상 7:12. 다윗은 블레셋 장수 골리앗과 싸울 때 사자의 이빨과 곰의 발톱에서 자신을 지키신 여호와야훼의 도우심을 기억하며 당당히 나아가 승리했습니다삼상 17:34-36. 부정적인 상황에서, 처음 하나님을 만난 날의 감격, 응답받은 기도들, 은혜의 순간들을 기억함으로 다시 힘을 내야 합니다cf. 계 2:4-5.

 내가 기억해야 할 영적 랜드마크에는 어떤 것들이 있는지 묵상해 봅시다.

3) 긍정의 기도로 문제를 돌파하라

긍정의 기도는 부정적 환경을 파괴하는 영적 다이너마이트입니다렘 29:12. 낙심되고 힘들 때마다 하나님께서 우리의 환경과 처지를 세밀하게 살피고 계심을 기억하며시 102:17, 하나님께 절대긍정의 기도로 나아가야 합니다. 그럴 때 하나님이 응답하시고 우리가 알지 못하는 비밀을 보여주실 것입니다렘 33:3. 낙심하지 않고 기도하면 반드시 하나님의 기적을 보게 될 것입니다눅 18:1-8; 갈 6:9.

 지금 긍정의 기도로 돌파해야 할 문제들이 있습니까? 예레미야 33장 3절의 말씀을 붙잡고 암송하며 기도하는 시간을 가져 봅시다.

4차원 절대긍정학교

2. 공동체에 대한 긍정

1) 공동체 긍정과 팀 시너지

인생은 홀로 목청껏 부르는 노래가 아니라, 서로의 연주에 귀 기울이고 화음을 만들어 내는 교향악과 같습니다cf. 고전 12:12; 시 133:1. 따라서 내 옆에 있는 사람의 약점이 아니라 강점을 보아야 합니다. '저 사람 때문에 안 된다'라는 부정적인 생각보다는 '저 사람의 강점과 합하여 성공할 것이다'라는 긍정적인 생각을 가져야 합니다cf. 고후 1:19. 공동체에 대한 긍정의 생각을 가질 때 시너지가 나오고 공동체가 성장할 수 있습니다엡 4:15-16.

 한 사람보다 두세 사람이 나은 점은 무엇이 있습니까? (전 4:9-12)

---

2) 교회를 세우는 긍정의 믿음

'문제없는 교회'를 찾는 사람이 있습니다. 하지만 문제없는 인생이 없듯이 문제없는 교회도 없습니다. 교회 공동체가 부족할 수 있고 어려운 여건에 처할 때도 있습니다. 그럴수록 교회를 긍정적인 태도로 바라보고 축복하고 세우는 것이 중요합니다. 함부로 비판하거나, 섣불리 판단하지 말아야 합니다눅 6:37. 예수님이 교회를 사랑하셔서 희생하신 것처럼엡 5:25, 우리도 교회를 사랑하고 축복하며 교회에 속한 지체들을 품고 섬기며요 13:34, 은혜와 사랑의 분위기로 교회를 채워야 합니다. 긍정의 믿음과 말이 교회를 살립니다.

Q 우리가 교회를 사랑한다면 어떻게 해야 할까요? 서로 실천 방안을 나누어
봅시다.

3) 직장이나 공동체를 세우는 긍정성

직원들이 회사에 대해 긍정적인 태도를 갖지 않는다면 고객들도 회사에 대해 긍정적인 태도를 보이지 않을 것입니다. 부정적인 태도를 가진 사람들은 직장에서 능력을 발휘할 기회나 조직체에서 성장할 가능성을 놓치게 됩니다. 성실과 긍정의 힘으로 내가 속한 공동체를 축복하며 살려야 합니다cf. 잠 28:18. 절대긍정의 하나님은 긍정의 사람과 함께하시며 그가 하는 일에 복을 주십니다.

Q 내가 속한 직장이나 공동체를 위해 축복하며 기도합시다.

길이 없는 곳에

홍영기, 홍승기

적용을 위한 다짐과 실천

1. 지난 한 주간 동안 나에게 베푸신 하나님의 은혜에 대하여 나누어 봅시다.

2. 지금까지 '환경에 대한 긍정'에 대해 공부했습니다. 오늘 공부에서 느끼고 깨달은 바를 함께 나누어 봅시다 sharing time.

3. 나를 옭아매는 과거의 상처에는 어떤 것들이 있습니까? 혹시 있다면, 다시 한번 예수님의 보혈을 의지하고 기도하여 자유함을 얻는 시간을 가집시다.

4. 과거에 베풀어 주신 하나님의 은혜에 대해 10가지 이상 적어 봅시다.

5. 내가 속한 교회를 어떻게 섬기고 봉사하고 있습니까? 있다면 더 열심을 내고, 없다면 섬김에 대해 결단하는 시간을 가져 봅시다.

오늘의 과제	내가 겪고 있는 어려운 환경이나 문제에 대해 해결된 모습을 바라보며 글로 적고 선포해 봅니다.

"다만 여호와야훼를 거역하지는 말라
또 그 땅 백성을 두려워하지 말라 그들은 우리의 먹이라
그들의 보호자는 그들에게서 떠났고 여호와야훼는 우리와 함께
하시느니라 그들을 두려워하지 말라 하나"(민수기 14:9)

"Only do not rebel against the LORD.
And do not be afraid of the people of the land, because we will swallow them up.
Their protection is gone, but the LORD is with us. Do not be afraid of them."
(Numbers 14:9)

**절대긍정
선포문**

"나는 내가 처한 환경에 하나님의 주권이 있음을 믿고
내가 있는 모든 곳에서 긍정적인 영향력을 발휘하기로 헌신합니다!"

**묵상
명언**

"당신이 할 수 있다고 믿든 할 수 없다고 믿든 믿는 대로 될 것이다."
헨리 포드

07

오중긍정⑤:
미래에 대한
긍정

The 4th Dimension
Absolute Positivity
Training School

07 오중긍정⑤ : 미래에 대한 긍정

미국 오렌지힐장로교회 조현철 목사님은 한 살 때 뇌성마비 판정을 받았습니다. 온몸이 뒤틀리는 뇌성마비 때문에 통증을 달고 살아야 했고, 말을 한마디 하려면 온몸을 비틀어야만 했습니다. 그러던 그가 중학교 때 예수님을 만나고 질병과 장애로 인한 부정적인 생각을 버리고, 하나님이 주시는 꿈을 품게 되었습니다. "약한 자를 들어서 강한 자를 부끄럽게 하신다"고전 1:27라는 말씀에 큰 감동을 받은 그의 마음에 '하나님이 나를 사용하실 것이다… 난 앞으로 목사가 될 것이다. 목사뿐 아니라 부흥사가 될 것이다!'라는 꿈이 자라기 시작했습니다. 모든 사람이 심지어 부모님조차 불가능하다고 말했지만, 그는 미국 유학을 꿈꾸며 미국 지도를 붙여놓고 밤낮 지도에 손을 얹고 기도했습니다.

하나님은 긍정의 미래를 꿈꾸며 바라본 그의 기도에 응답하셨습니다. 한국에서 신학교를 졸업하고 미국 아주사 퍼시픽 대학교에서 석사 학위를 받은 후 지금은 최초의 뇌성마비 목사가 되어 미주 한인 교회에서 목회를 하고 있습니다. 긍정의 믿음과 꿈을 통해 하나님의 기적을 체험하게 된 것입니다.

묵상 영적인 꿈이란 하나님 말씀을 믿음으로 복된 미래를 바라보는 것을 말합니다 (히 11:1). 나는 어떤 말씀을 붙잡고 미래를 바라보고 있나요?

Positivity Quotient Check List
절대긍정지수 체크 리스트 ☑

당신의 미래긍정지수(PQ)는?
각 문항을 읽고 해당하는 칸에 체크해 봅니다.

측정 문항	전혀 아니다 1점	아니다 2점	보통 이다 3점	그렇다 4점	매우 그렇다 5점
1. 내 삶을 향한 하나님의 큰 기대와 계획이 있음을 믿고 있다.					
2. 내 미래가 낙관적이고 희망차게 느껴진다.					
3. 하나님께서 내 삶에 기적을 베푸실 것을 기대하고 있다.					
4. 성령 안에서 기도할 때 내 안에 거룩한 소원이 일어남을 느낀다.					
5. 하나님이 주시는 비전과 꿈이 내 마음에 불타고 있다.					
6. 고난이 다가올 때 하나님이 주신 꿈의 친구라고 생각하며 인내한다.					
7. 내 미래나 비전의 성취를 시각화하며 항상 바라본다.					
8. 꿈의 성취를 위해 노트에 적고 구체적으로 기도한다.					
9. 꿈의 성취를 위해 항상 공부하며 배우고 있다.					
10. 죽기 전까지 하나님의 꿈과 비전을 이루는 사명자라고 생각한다.					

각 문항마다 체크한 점수를 합산합니다.
미래긍정지수 합계 (   )점

창세기 37장 18절에서 20절, 시편 105편 17절에서 19절까지 읽어보십시오.

> [18] 요셉이 그들에게 가까이 오기 전에 그들이 요셉을 멀리서 보고 죽이기를 꾀하여 [19] 서로 이르되 꿈 꾸는 자가 오는도다 [20] 자, 그를 죽여 한 구덩이에 던지고 우리가 말하기를 악한 짐승이 그를 잡아먹었다 하자 그의 꿈이 어떻게 되는지를 우리가 볼 것이니라 하는지라(창세기) [17] 그가 한 사람을 앞서 보내셨음이여 요셉이 종으로 팔렸도다 [18] 그의 발은 차꼬를 차고 그의 몸은 쇠사슬에 매였으니 [19] 곧 여호와께 의 말씀이 응할 때까지라 그의 말씀이 그를 단련하였도다(시편)

1. 요셉의 형제들은 요셉을 어떻게 부르고 있나요? 창 37:19; 창 37:5

2. 요셉이 형들에게 시기와 미움을 당한 이유는 무엇일까요? 창 37:18; 창 37:2-5

3. 요셉이 노예로 팔린 사건의 배후에 누가 있었다고 성경은 말하고 있나요?
   시 105:17; cf. 사 53:10 이 사건에 대한 하나님의 계획은 무엇일까요? 창 45:7-8; 창
   50:20

4. 하나님의 꿈이 이루어지는 과정에는 고난이 있습니다. 그 고난의 의미는
   무엇일까요? 시 105:19

5. 요셉의 형들은 요셉이 큰 시련을 겪었어도 그의 꿈이 이루어지는 것을 보
   게 되었습니다창 37:20. 내가 가진 하나님의 꿈은 무엇이며 그것이 이루어
   지기 위해 어떤 자세를 가져야 할까요?

미래에 대한 긍정

긍정적인 사람은 과거와 현재만 아니라 자신의 미래에 대해서도 긍정적인 생각을 가집니다. 하나님이 주시는 꿈과 비전을 품고 복된 미래를 바라보며 절대긍정의 믿음으로 나아갈 때, 하나님은 우리의 꿈대로 믿음대로 역사하십니다 cf. 막 10:46-52; 시 37:5-6.

1. 미래 긍정의 중요성

1) 꿈꾸시는 하나님

하나님은 꿈을 품고 일하십니다. 하나님께는 아브라함을 믿음의 조상으로 세우는 꿈, 이스라엘은 거룩한 제사장 나라로 삼겠다는 꿈이 있었습니다출 19:6. 또 하나님의 진정한 꿈은 예수님이었습니다. 하나님은 예수님을 통해 인류 구원의 꿈을 꾸셨고, 그 꿈은 십자가에서 성취되었습니다요 19:30. 하나님이 꿈을 꾸는 분이시기에 우리도 거룩한 꿈을 꾸는 사람이 되어야 합니다.

2) 우리도 하나님의 꿈

예수님이 하나님의 꿈이었듯 우리도 하나님의 꿈입니다. 부모가 자녀에게 기대하는 것처럼 우리를 보시는 하나님의 마음은 꿈과 기대로 가득합니다. 우리가 하나님을 알고벧후 3:18, 하나님을 닮아가며벧후 1:4-7, 하나님을 섬기고빌 2:17, 하나님을 전하기 원하시는 것입니다행 20:24.

3) 우리 미래를 복 주시는 하나님

미래를 긍정하며 하나님께 맡길 때 우리 미래를 복 주기 원하시는 하나님의 마음을 알게 됩니다. 하나님은 임기응변으로 일하지 않으시고 계획하고 준비하여 행하십니다엡 1:11. 하나님은 우리의 영과 혼과 육이 다 건강하고 형통하기를 원하시며요삼 1:2, 우리 미래에 큰 희망을 주기 원하십니다. "너희를 향한 나의 생각을 내가 아나니 평안이요 재앙이 아니니라 너희에게 미래와 희망을 주는 것이니라"렘 29:11.

 다음 문장을 크게 3번 반복하여 선포하시기 바랍니다.
"나는 하나님의 꿈이다!"(I am God's Dream!)

2. 미래 긍정의 방법

1) 기대감을 가지고 성령의 충만을 구하라

먼저 우리의 인생과 미래가 잘 될 것을 기대해야 합니다. 그리고 성령의 충만을 받도록 기도해야 합니다. 성령이 임하시면 나이나 환경과 관계없이 하나님의 비전을 소유하게 되며욜 2:28, 복음과 사명을 위해 살겠다는 꿈을 갖게 됩니다행 1:8. 우리가 성령으로 기도할 때 하나님은 우리 마음속에 거룩한 소원을 주셔서 우리 인생을 인도하십니다빌 2:13. 그리고 우리를 통해 놀라운 새 일과 기적을 행하십니다사 43:19.

 하나님 말씀의 계시와 꿈이 없으면 인생이 어떻게 될까요? (잠 29:18)
하나님 말씀과 성령의 기도로 하나님의 꿈을 구합시다.

4차원 절대긍정학교

2) 꿈을 시각화하고 구체적으로 기도하라

하나님은 그가 택하신 사람들을 사용하시기 전, 믿음으로 꿈꾸게 하는 훈련을 하셨습니다창 13:14-15; 창 15:5; 창 37:6-10. 믿음의 시각화visualization가 중요합니다롬 4:20. 꿈을 성취하려면 믿음으로 바라봐야 합니다히 11:20. 개인과 가족, 교회에 대한 꿈, 직장이나 사업과 관련된 비전 등을 자세히 적어놓고 그것을 바라보며 기도해야 합니다. 분명한 꿈과 목표를 세워 구체적으로 기도하며 하나님의 지혜와 능력을 구할 때 그 꿈이 이루어지게 될 것입니다cf. 수 14:12; 사 38:2-6; 렘 33:2-3.

 잠시 눈을 감고 믿음으로 나의 꿈을 시각화해 봅시다.

3) 고난과 꿈은 친구임을 기억하라

고난은 하나님의 꿈으로 가는 이정표입니다시 119:71. 믿음의 사람들은 고난의 터널을 통과한 후 하나님께 쓰임 받았습니다. 아브라함은 하나님의 부르심을 받은 후 25년창 21:2, 요셉은 13년이 지난 후창 41:41, 모세는 광야에서 40년의 연단을 받은 후에야출 3:14, 비로소 하나님의 꿈이 이루어졌습니다. 눈에는 보이는 것 없고, 귀에는 들리는 것 없고, 손에는 잡히는 것 없어도 주님의 약속의 말씀이 이루어질 것을 인내하고 믿음으로 바라볼 때 하나님이 주신 꿈이 성취됩니다시 105:19; 시 119:67; 고후 4:17.

 여러분이 겪었던 고난을 하나님의 섭리 안에서 재해석해 보십시오(창 50:20).

4) 끊임없이 배우라

"지도자는 평생 배우는 자이다The Leader is a life-time learner"라는 말이 있습니다. 우리는 겸손의 자세로 끊임없이 배워야 합니다마 11:29; 딤전 4:15. "앙꼬라 임파로Ancora Imparo"라는 라틴어 격언이 있습니다. 천재 예술가 미켈란젤로가 87세에 시스틴 대성당의 명화「천지창조」를 그리고 "앙꼬라 임파로!나는 아직도 배우고 있다"라고 한 것에서 유래한 말입니다. 사람을 통해, 고난을 통해, 독서를 통해 그리고 믿음의 기도와 성령의 인도 아래 계속 배우면서 꿈을 향해 전진해야 합니다.

 내가 원하는 분야의 꿈을 이루기 위해 독서도 중요합니다(딤전 4:13). 한 달에 2권 이상 책을 읽겠다는 결단과 계획을 세워 보십시오.

주 품에

원제 : Still

Reuben Morgan

주 품 - 에 - 품으 소 - 서 -
님 안 - 에 - 나 거 하 - 리 -

능 력 - 의 - 팔 로 덮으 - 소 - 서 - 거 친 파 도
주 능 - 력 - 나 잠 잠 히 - 믿 - 네 -

날 향 해 - 와 도 - 주 와 함 께 날 아 오 - 르 리 - 폭 풍 가 운

데 나 의 - 영 혼 - 잠 잠 하 게 - 주 를 보 - 리 라 - (주)

적용을 위한 다짐과 실천

1. 지난 한 주간 동안 나에게 베푸신 하나님의 은혜에 대하여 나누어 봅시다.

2. 지금까지 '미래에 대한 긍정'에 대해 공부했습니다. 오늘 공부에서 느끼고 깨달은 바를 함께 나누어 봅시다sharing time.

3. 미래에 대한 기대감이 없는 이유는 무엇이며 꿈을 가지려면 어떻게 해야 할까요?

4. 한 주간 동안 매일 성령으로 기도하면서 내 마음에 강력하게 임하는 소원이 어떤 것인지 적고 나누어 봅시다빌 2:13.

5. 내가 지금 가장 많이 생각하고 바라보고 있는 것은 무엇일까요? 오늘 학습을 통하여 변화시켜야 할 바라봄의 영역이 있다면 묵상하고 나누어 봅시다.

오늘의 과제	앞으로 10년 후, 미래의 내 모습과 하나님의 꿈이 어떻게 이루어질지 믿음으로 기도하며 적어 봅시다.

**암송
구절**

"여호와야훼의 말씀이니라 너희를 향한
나의 생각을 내가 아나니 평안이요 재앙이
아니니라 너희에게 미래와 희망을 주는 것이니라"(예레미야 29:11)

"For I know the plans I have for you," declares the LORD, "plans to prosper you and
not to harm you, plans to give you hope and a future."(Jeremiah 29:11)

**절대긍정
선포문**

"나는 미래에 대한 기대감을 가지고 하나님의 꿈과 비전을
이루어 가는 사명자가 될 것입니다!"

**묵상
명언**

"비전과 꿈은 성령 하나님의 언어이다."

조용기

4차원 절대긍정학교

08

삼중훈련①:
긍정언어의
훈련

**The 4th Dimension
Absolute Positivity
Training School**

08 삼중훈련① : 긍정언어의 훈련

미국 디트로이트의 빈민가에 한 소년이 태어났습니다. 이 소년은 흑인이라는 이유로 학교에서 백인 학생들에게 따돌림을 당했고, 초등학교 5학년이 되도록 구구단을 외우지 못해 꼴찌를 도맡아 했습니다. 그런데 이 소년은 훗날 세계 최고의 의사가 되었습니다. 세계 최초로 샴쌍둥이 분리 수술에 성공하여 '신의 손'으로 불린 존스 홉킨스 대학병원 벤 카슨Ben Carson 박사의 이야기입니다. 그는 자신의 성공이 어머니가 그에게 해준 격려의 말 덕분이었다고 이야기합니다.

"벤, 너는 마음만 먹으면 무엇이든지 할 수 있단다. 노력만 하면 무엇이든지 될 수 있어!" 어머니의 말이 어린 벤 카슨에게 용기와 희망을 주었습니다. 우리도 마찬가지입니다. 내가 하는 말 한마디가 다른 사람에게 소망과 힘을 줄 수 있습니다. 다른 사람을 격려하고 살리는 말, 꿈과 희망을 담은 말을 해야 합니다.

묵상	자신의 언어습관을 잘 살펴봅시다. 다른 사람을 힘들게 하는 말인가요, 아니면 격려하는 말인가요?

Positivity **Q**uotient Check List

절대긍정지수 체크 리스트 ☑

당신의 긍정언어지수(PQ)는?
각 문항을 읽고 해당하는 칸에 체크해 봅니다.

측정 문항	전혀 아니다	아니다	보통 이다	그렇다	매우 그렇다
	1점	2점	3점	4점	5점
1. 부정적인 말은 절대 내 입에서 나오지 않는다.					
2. 타인을 격려하고 칭찬하는 말을 자주 한다.					
3. 나 자신을 긍정적으로 생각하고 축복하며 선포 한다.					
4. 불신이나 부정적인 말이 하나님의 역사나 기적 을 방해한다고 믿는다.					
5. 타인을 축복하는 말을 자주 한다.					
6. 하나님 말씀을 늘 읽으며 묵상하고 있다.					
7. 하나님 말씀을 암송하여 기도하거나 적절한 상황에 사용한다.					
8. 타인에게 소망을 주거나 살리는 말을 많이 한다.					
9. 하나님의 비전을 기록하여 시간이 날 때마다 선포한다.					
10. 믿음의 말에 권세가 있음을 믿고 질병이나 문제에 대해 명령하며 선포 기도를 한다.					

각 문항마다 체크한 점수를 합산합니다.
긍정언어지수 합계 (   )점

열왕기하 7장 18절에서 20절까지 읽어보십시오.

> [18] 하나님의 사람이 왕에게 말한 바와 같으니 이르기를 내일 이맘 때에 사마리아 성문에서 보리 두 스아를 한 세겔로 매매하고 고운 밀가루 한 스아를 한 세겔로 매매하리라 한즉 [19] 그 때에 이 장관이 하나님의 사람에게 대답하여 이르되 여호와께서 하늘에 창을 내신들 어찌 이 일이 있으랴 하매 대답하기를 네가 네 눈으로 보리라 그러나 그것을 먹지는 못하리라 하였더니 [20] 그의 장관에게 그대로 이루어졌으니 곧 백성이 성문에서 그를 밟으매 죽었더라

1. 아람 군대의 포위로 사마리아에 극심한 기근이 왔습니다. 이때 엘리사는 어떤 예언을 하였나요? 18절

2. 엘리사의 예언에 왕의 신하는 어떤 반응을 보였나요? 19절

3. 불신과 부정의 말을 한 장관에게 어떤 일이 일어났나요?
   19-20절; cf. 민 14:27-35; 눅 1:18-22; 사 57:19

4. 우리는 어떤 말에 귀를 기울여야 할까요? 왕하 7:1; cf. 삼상 17:28-32

5. 엘리사의 예언의 성취는 4명의 나병환자를 통해 전해졌습니다왕하 7:3-16. 이 사건이 우리에게 주는 메시지는 무엇일까요?

긍정언어의 선포

하나님은 말씀으로 천지와 만물을 창조하셨습니다창 1장. 하나님의 형상으로 창조된 인간에게도 언어의 권세가 있습니다. 그러므로 부정적인 말을 버리고 긍정적인 말을 하며, 비판과 험담의 말 대신 격려하고 축복하고 살리는 말을 사용해야 합니다.

1. 긍정언어의 중요성

1) 긍정언어는 삶의 모든 면에 영향을 끼친다

성경은 죽고 사는 것이 혀의 힘에 달려있다고 말씀합니다잠 18:21. 우리 속담에도 "말 한마디로 천 냥 빚을 갚는다"라는 말이 있습니다. 긍정의 믿음은 긍정의 언어를 낳고 긍정의 언어는 긍정의 인생을 만듭니다. 긍정적인 말은 우리의 삶과 미래뿐 아니라 대인관계에도 긍정적인 영향을 끼칩니다잠 18:20.

2) 부정언어의 전염성

"개에게 물린 사람은 반나절 만에 치료받고 돌아갔다. 뱀에게 물린 사람은 3일 만에 치료받고 돌아갔다. 하지만 사람의 말에 물린 사람은 아직도 입원 중이다." 부정적 언어의 위력을 보여주는 말입니다시 140:3. 열 명의 정탐꾼이 가나안 땅을 탐지하고 돌아와서 부정적인 보고를 했을 때 온 이스라엘 백성이 낙심하고 원망하며 통곡했습니다. 그 때 하나님은 "너희 말이 내 귀에 들린 대로 내가 너희에게 행하리니"민 14:28 라고 말씀하셨습니다. 부정적인 생각과 믿음이 부정적인 말을 낳고, 부정적인 말은 하나님의 기적을 가로막아 우리 미래를 어둡게 만듭니다막 6:4-6; 벧전 3:10.

3) 살리는 말이 중요하다

인류가 타락한 후 사람들의 부정적인 말과 죽이는 언어는 아름다웠던 세상과 인간관계를 파괴했습니다. 그러나 말씀이 육신이 되어 우리 가운데 오신 예수님으로 말미암아요 1:14, 치유하고 회복하는 생명의 역사가 일어났습니다cf. 요 11:43. 우리도 예수님을 따라 치료하고 살리는 말을 사용해야 합니다엡 4:29. "만일 누가 말하려면 하나님의 말씀을 하는 것 같이 하고"벧전 4:11

 성경은 어떤 말씀이 우리를 살린다고 말하고 있습니까? (요 6:63)

---

2. 긍정언어의 훈련 방법

1) 성령이 임하면 언어가 달라진다

긍정적인 믿음의 말을 사용하는 것은 우리의 의지나 노력만으로 되지 않습니다. 성령의 도우심이 있어야 합니다. 성령충만은 항상 현재형입니다엡 5:18. 우리는 매일 성령충만을 위해 기도해야 합니다. 마음과 언어의 변화는 성령충만의 중요한 표적입니다. 성령이 임하시면 우리 마음이 부드러워지고 새로운 비전을 품게 됩니다. 또 기도와 찬송의 언어, 감사의 고백이 우리 입술에 가득하게 됩니다행 10:46; 행 19:6; 엡 5:19-20.

4차원 절대긍정학교

Q 예수님의 제자들은 성령충만을 받고 성령이 말하게 하심을 따라 방언으로 기도했습니다(행 2:4, 11). 방언의 영적인 의미는 무엇일까요?

2) 하나님 말씀을 마음판에 새기라

성경은 하나님의 말씀을 마음판에 새기라고 명합니다잠 7:1-3. 비석에 글을 새기듯이 힘 있게 새겨야 완악한 우리 마음에 말씀이 심어집니다잠 3:3. 하나님의 말씀은 사람을 살리는 말씀입니다. 그 말씀을 늘 읽고 묵상하고 암송함으로합 2:2, 부정적인 말과 생각을 다스리고 절대긍정의 언어, 믿음의 말을 사용해야 합니다.

Q 예수님은 어떻게 마귀의 시험을 이기셨습니까? (마 4:1-11; 신 8:3; 신 6:16; 신 6:13)

3) 말씀의 선포에 능력이 있음을 기억하라

이 세상에 존재하는 모든 것은 믿음의 말의 지배를 받습니다. 여호수아는 태양에게 멈추라고 명령했고수 10:12, 예수님도 말씀으로 파도와 광풍을 잠잠하게 하셨습니다막 4:39. 우리도 영혼과 범사와 육체에 대해 약속의 말씀을 선포할 수 있습니다요삼 1:2. 예를 들어, 아프신 분은 치유의 약속을사 53:5, 불안하거나 염려가 있으신 분은 평강의 말씀을 붙잡고요 14:27; 빌 4:6-7 믿음으로 선포하며 기도해야 합니다.

_____

_____

4) 긍정언어의 선포를 습관화하라

미국의 듀크 대학교 연구진이 발표한 논문에 따르면, 우리의 일상생활에서 일어나는 의사 결정의 40%는 습관에 의한 것이라고 합니다. 습관의 힘은 우리 인생에도 영향을 미칩니다cf. 렘 22:21. 영적 생활을 위한 습관을 길러야 합니다cf. 눅 22:39; 히 10:25. 성령충만을 위해 기도하고행 4:31, 말씀을 읽고 묵상하며신 6:6, 믿음으로 선포하는 것시 107:22 등을 핵심 습관으로 만들면 우리 삶에 절대긍정의 기적이 일어나게 될 것입니다.

 어떤 아침 습관을 갖고 있습니까? 미라클 모닝(Miracle morning)을 위해 가져야 할 습관에 대해 생각해 보십시오.

_____

_____

나의 안에 거하라

류수영

나의 안에 거하라 - 나는 네 하나님 이니 - 모든 환난 가운데 - 너를

지 키 는 자라 - 두려 워 하지 말라 - 내가 널 도와 주리니 - 놀라

지 말라 - 네 손 잡 아 주 리 라 - 내가 너를

지 명 하 - 여 불렀나 - 니 너 는 내 것 이 라 - 내 것 이 라 - 너의

하 나 님 이라 - 내가 너를 보 배 롭 - 고 존 귀 하 - 게

여 기 노라 - 너를 사 랑 하 - 는 네 여호 와 라 -

적용을 위한 다짐과 실천

1. 지난 한 주간 동안 나에게 베푸신 하나님의 은혜에 대하여 나누어 봅시다.

2. 지금까지 '긍정언어의 훈련'에 대해 공부했습니다. 오늘 공부에서 느끼고 깨달은 바를 함께 나누어 봅시다sharing time.

3. 부정적인 말로 시험에 들거나 상처받은 경험이 있다면 나누어 보고, 부정적인 말을 하지 않겠다는 다짐을 해 봅시다.

4. 오늘 공부한 내용 중에 긍정언어의 훈련을 위해 나에게 가장 필요한 부분은 무엇이라고 생각하나요?

5. 내 친구나 옆의 사람에 대한 긍정의 언어 선포문을 5가지 이상 쓰고 서로를 격려해 봅시다.

오늘의 과제	긍정언어의 힘과 중요성에 연관된 성경 말씀을 10가지 이상을 찾아 적어 보고 암송해 봅시다.

**암송
구절**

"죽고 사는 것이 혀의 힘에 달렸나니
혀를 쓰기 좋아하는 자는 혀의 열매를 먹으리라"(잠언 18:21)

"The tongue has the power of life and death,
and those who love it will eat its fruit."(Proverbs 18:21)

**절대긍정
선포문**

"나는 긍정적인 말의 위력을 마음에 새기고
하나님의 말씀을 내면화하여
긍정언어의 습관을 가질 것을 다짐합니다!"

**묵상
명언**

"말도 아름다운 꽃처럼 그 색깔을 지니고 있다."

E. 리스

09

삼중훈련②: 절대감사의 훈련

The 4th Dimension
Absolute Positivity
Training School

09 삼중훈련② : 절대감사의 훈련

짤막한 왼쪽 발을 제외하고 양팔과 오른쪽 다리가 없이 태어난 한 아이가 있었습니다. 남다른 외모는 외로움과 절망의 원인이 되었고 학교에 들어간 후에는 아이들의 따돌림과 멸시를 받았습니다. 8살부터 죽음을 생각했고, 10살에는 실제 자살을 시도하기도 했습니다. 그러나 13살에 우연히 장애를 딛고 일어난 사람의 뉴스를 보고 이렇게 결심합니다. "이렇게 없는 것 때문에 평생 분노하며 살든지, 있는 것으로 인해 감사하며 살든지, 둘 중 하나를 선택하자."

그날부터 그의 인생이 달라졌습니다. 죽음을 생각하던 꼬마 아이는 골프를 치고, 서핑과 승마를 즐기고, 스케이트보드를 즐기는 만능 스포츠맨이 되었습니다. 사랑하는 여인과 결혼하여 아이를 낳고, 전 세계를 다니며 희망을 전하는 강연자이며 베스트셀러 작가로, 자신과 같은 장애를 가진 사람을 위한 선교 단체의 대표로 일하고 있는 닉 부이치치Nick Vujicic 목사님입니다. 그는 이렇게 말합니다. "어떻게 팔다리가 없는 제가 행복할 수 있을까요? 바로 가지지 못한 것들에 대해 화를 내지 않고 가진 것에 감사하기 때문이에요."

묵상	나는 현재 가지고 있는 것들에 대해 얼마나 감사하고 있나요?

Positivity Quotient Check List

절대긍정지수 체크 리스트 ☑

당신의 절대감사지수(PQ)는?
각 문항을 읽고 해당하는 칸에 체크해 봅니다.

측정 문항	전혀 아니다	아니다	보통 이다	그렇다	매우 그렇다
	1점	2점	3점	4점	5점
1. 아침에 일어나면 가장 먼저 하나님께 감사를 고백한다.					
2. 일상의 사소한 것에서도 감사할 것을 찾는다.					
3. 주위 사람들에게 감사를 자주 표현하는 편이다.					
4. 아직 기도 응답이 없어도 감사하며 기도한다.					
5. 어려운 일이 생겨도 불평 대신 감사를 고백한다.					
6. 내게 없는 것을 불평하지 않고 지금 내가 가진 것에 감사한다.					
7. 매일 감사 큐티나 일기를 쓰며 하나님 은혜를 묵상한다.					
8. 고난이나 문제가 신앙과 인격 성장의 기회임을 믿고 감사한다.					
9. 일이 생각대로 안 풀려도 하나님이 좋게 하실 것을 믿고 감사한다.					
10. 잠들기 전에 감사의 기도로 하루를 마감한다.					

각 문항마다 체크한 점수를 합산합니다.
절대감사지수 합계 (   )점

사도행전 16장 24절에서 32절까지 읽어보십시오.

²⁴그가 이러한 명령을 받아 그들을 깊은 옥에 가두고 그 발을 차꼬에 든든히 채웠더니 ²⁵한밤중에 바울과 실라가 기도하고 하나님을 찬송하매 죄수들이 듣더라 ²⁶이에 갑자기 큰 지진이 나서 옥터가 움직이고 문이 곧 다 열리며 모든 사람의 매인 것이 다 벗어진지라 ²⁷간수가 자다가 깨어 옥문들이 열린 것을 보고 죄수들이 도망한 줄 생각하고 칼을 빼어 자결하려 하거늘 ²⁸바울이 크게 소리 질러 이르되 네 몸을 상하지 말라 우리가 다 여기 있노라 하니 ²⁹간수가 등불을 달라고 하며 뛰어 들어가 무서워 떨며 바울과 실라 앞에 엎드리고 ³⁰그들을 데리고 나가 이르되 선생들이여 내가 어떻게 하여야 구원을 받으리이까 하거늘 ³¹이르되 주 예수를 믿으라 그리하면 너와 네 집이 구원을 받으리라 하고 ³²주의 말씀을 그 사람과 그 집에 있는 모든 사람에게 전하더라

1. 성령의 인도를 따라 빌립보로 간 바울과 실라에게 어떤 일이 생겼나요? 24절

2. 이때 바울과 실라는 어떻게 반응했나요? 25절

3. 바울과 실라의 찬송과 감사는 어떻게 환경을 바꾸었나요? 26절

4. 바울과 실라의 찬송과 감사는 어떤 영적 열매를 맺었나요? 27-32절

5. '하나님은 아침의 하나님이시다'라는 말이 있습니다. 인생에 어두운 밤이 찾아올 때 어떻게 해야 할까요? 25절

절대감사의 훈련

절대긍정의 하나님을 믿는다면, 좋은 상황에서는 물론 좋지 않은 상황에서도 진심으로 감사할 수 있습니다. 이렇게 감사할 때 우리 마음에는 소망의 하나님을 향한 믿음이 솟아납니다. 절대긍정의 믿음과 절대감사의 고백은 떼려야 뗄 수 없는 동전의 양면과 같습니다. 그러므로 절대감사의 훈련은 성도의 삶에 참으로 중요한 요소입니다.

1. 절대감사의 중요성

1) 절대감사는 하나님의 뜻이다

하나님은 "범사에 감사하라"살전 5:18고 명하셨습니다. 하나님은 감사로 그분께 나아가는 자를 기뻐하시며시 95:2; 시 100:4, 겸손히 감사하는 심령 중에 거하십니다. 감사는 하나님 나라의 언어입니다엡 5:20. "사단의 방언은 불평과 원망과 시비의 말이고 천국의 방언은 감사와 찬송이다"라는 말이 있듯 성도의 입술에는 천국의 언어인 감사의 고백이 끊이지 말아야 합니다골 4:2.

2) 절대감사는 건강과 행복을 가져온다

감사할 때 '다이돌핀didorphin'이라는 호르몬이 분비되어 행복감을 느끼고 건강해진다고 합니다. 캐더스 퍼트Candace Pert 박사는 마음의 감정과 생각을 신체에 전달하는 '감정의 분자'가 있다고 말합니다. 몸과 마음이 연결되어 있다는 것입니다. 그래서 만성 우울증 환자는 질병에 걸릴 가능성이 4배 이상 높지만, 감사하는 사람은 스트레스를 이기고 행복을 느낄 수 있습니다. "인간은 행복해서 감사한 것이 아니라 감사하기 때문에 행복한 것이다"라는 말처럼, 감사할 때 건강해지고 감사할 때 행복해집니다.

3) 절대감사는 기적을 일으킨다

어떤 일에도 예수님의 이름으로 감사해야 합니다골 3:17. 감사할 때 하나님의 영광과 구원의 기적이 나타납니다시 50:23; 행 16:24-32. 예수님께서 오병이어에 감사의 기도를 드리셨을 때 수천 명이 배불리 먹는 기적이 일어났고요 6:9-13, 나사로의 무덤 앞에서 "아버지여 내 말을 들으신 것을 감사하나이다"라고 고백하셨을 때 나사로가 다시 살아났습니다요 11:41-44. 감사는 기적의 씨앗입니다대하 20:20-22.

> 시편 136편에 '감사하라'는 명령이 몇 번 나올까요? 또 감사의 이유는 무엇이며 그 이유를 몇 번 반복하여 말하고 있나요?

_____

_____

2. 절대감사의 방법

1) 모든 것을 긍정의 눈으로 보라

삼성전자의 반도체 신화를 이끈 주역인 권오현 전 회장은 이렇게 말했습니다. "역경逆境이라는 단어에 역逆자가 들어 있습니다. 역경이 닥치면 그것을 역으로 이용하라는 뜻으로 저는 해석합니다.… 역경에는 긍정적인 기능이 포함되어 있습니다. 무엇이 문제의 근본 이유인지 찾아낼 수 있는 기회가 주어진 것입니다." 환경이 아니라 관점이 중요합니다cf. 민 13:30-33. 부정의 눈으로 보면 문제만 보이지만, 긍정의 눈으로 보면 기회가 보입니다. 그러므로 어떤 상황에서도 절대긍정의 믿음을 가지고 하나님께 감사해야 합니다민 14:7-8.

4차원 절대긍정학교

절대절망의 상황에서도 우리가 감사할 수 있는 이유는 무엇입니까? (렘 29:11; 시 136:1)

2) 감사가 습관이 되게 하라

감사의 습관, 감사의 체질화가 필요합니다골 2:7. 예수님은 습관을 따라 기도 하셨고눅 22:39, 다니엘도 매일 세 번 감사의 기도를 잊지 않은 것처럼단 6:10, 감사에도 연습과 생활화가 필요합니다딤전 4:7; 눅 22:39-41. 좋지 않은 일도 하나님이 합력하여 선을 이루실 것을 믿으며시 107:29-30, 범사에 감사해야 합니다. 감사 일기를 쓰거나 감사 QT를 하는 것도 감사의 습관을 들이기 위한 좋은 방법이 될 수 있습니다.

하나님께서 이스라엘에게 3번의 절기(유월절, 오순절, 초막절)를 지키라 하신 것은 무엇을 가르치기 위함일까요? (출 23:14; 시 100:4-5)

3) 감사의 동역자를 만들라

"빨리 가려면 혼자 가고 멀리 가려면 함께 가라"는 아프리카 격언이 있습니다. 믿음 생활에 동역자가 필요하듯, 감사 생활에도 동역자가 필요합니다전 4:9-12; 잠 18:24. 감사 훈련의 동역자를 찾으십시오잠 27:17; 잠 22:11. 가정에서, 교회에서, 혹은 일터에서 믿음의 사람들과 함께 기도하며 감사의 제목을 나누어 보십시오 시 133:1; 마 18:19-20.

예수님은 누구의 믿음을 보시고 중풍병자를 치유하셨습니까? (막 2:5)

_____

_____

4) 감사를 매일 선포하라

말에는 힘이 있습니다. 우리가 하는 말은 우리의 몸과 마음에 투영됩니다. 그래서 절대긍정의 믿음은 절대감사의 언어로 선포되어야 합니다. 믿음의 선포가 우리 귀에 들릴 때 우리의 몸과 마음과 영혼이 변화되고롬 10:10, 감사의 고백이 하나님의 귀에 들려질 때 하나님의 능력이 우리의 삶에 임하실 것입니다cf. 민 11:18; 민 14:28. 감사는 가장 깊은 믿음의 고백입니다눅 17:11-19.

 하나님은 우리 입술의 고백과 관련하여 자신을 어떻게 소개하고 계십니까? (사 57:19)

_____

_____

감사해

원제 : Thank You, Lord

Dan Burgess

적용을 위한 다짐과 실천

1. 지난 한 주간 동안 나에게 베푸신 하나님의 은혜에 대하여 나누어 봅시다.

2. 지금까지 '절대감사의 훈련'에 대해 공부했습니다. 오늘 공부에서 느끼고 깨달은 바를 함께 나누어 봅시다sharing time.

3. 감사함으로 하나님의 은혜나 기적을 체험한 경우가 있었다면 나누어 봅시다 cf. 딤전 4:4.

4. "과거에 대한 감사는 마음에 넉넉함을 주고 현재의 감사는 마음에 즐거움을 주고 미래에 대한 감사는 마음을 설레게 한다"라는 격언이 있습니다. 지금 여러분의 마음은 어떠한가요?

5. 오중긍정의 영역 중에서 절대감사가 더 많이 필요한 영역은 어디입니까?
   자신에 대한 감사, 타인에 대한 감사, 일과 사명에 대한 감사, 환경에 대한 감사, 미래에 대한 감사

오늘의 과제 | 15가지 이상 감사 제목을 적어 봅시다.

**암송
구절**

"범사에 감사하라 이것이 그리스도 예수 안에서
너희를 향하신 하나님의 뜻이니라"(데살로니가전서 5:18)
"Give thanks in all circumstances,
for this is God's will for you in Christ Jesus."(1 Thessalonians 5:18)

**절대긍정
선포문**

"나는 어떤 상황에도 매일 하나님께 감사의 마음으로
감사를 선포할 것을 다짐합니다."

**묵상
명언**

"질병이나 가난이나 실패 등은 하나님의 저주가 아니다.
만약 하나님의 저주가 있다면 하나님이 믿어지지 않는 것,
하나님의 말씀이 들리지 않는 것,
그리고 감사하는 마음을 잃어버리는 것이다."

우찌무라 간조

10

삼중훈련③:
사랑나눔의
훈련

The 4th Dimension
Absolute Positivity
Training School

10 삼중훈련③ : 사랑나눔의 훈련

1996년부터 구두 수선일을 했던 김병록 집사님이 계십니다. 어느 날 문득 '가정마다 신지 않는 헌 구두가 얼마나 많을까?'라고 생각하신 집사님은 가게 앞에 "신지 않거나 버리는 구두가 있으면 구두병원으로 가져다주십시오"라는 글을 붙여두었습니다. 이후 약 5,000켤레의 구두를 모아 수선해서 어려운 이웃에게 나누어 주었습니다. 집사님의 선행은 여기에서 끝나지 않았습니다. 양로원 이발 봉사는 물론 결식아동, 소년소녀가장, 은퇴 목회자들을 도우며 사셨습니다. 이뿐만 아니라 2020년에 노후 자금으로 사둔 7억 상당의 땅을 팔아 코로나19로 인해 힘들어진 분들을 위해 기부하셨습니다.

김 집사님은 한 인터뷰에서 이렇게 말씀하셨습니다. "저 같은 크리스천들은 예수님으로 말미암아 새 생명을 얻었기 때문에 덤으로 사는 인생들이에요. 그러니 욕심부릴 게 없지요. 다 주고 가야지요." 그렇습니다. 우리는 예수님 때문에 새로운 생명을 얻어 덤으로 사는 인생들입니다. 사랑나눔은 새 생명을 주신 주님의 은혜에 보답하는 길입니다.

묵상	나는 주위 사람에게 사랑을 나누는 일을 어떻게 실천하고 있나요?

Positivity Quotient Check List
절대긍정지수 체크 리스트 ☑

당신의 사랑나눔지수(PQ)는?
각 문항을 읽고 해당하는 칸에 체크해 봅니다.

측정 문항	전혀 아니다 1점	아니다 2점	보통 이다 3점	그렇다 4점	매우 그렇다 5점
1. 하나님 사랑을 알고 나누는 것이 내 인생의 핵심 가치 중 하나이다.					
2. 내가 만나는 사람들의 필요를 살피는 편이다.					
3. 어려움에 빠진 이웃이나 친구가 있으면 기꺼이 돕는다.					
4. 복음을 알지 못하는 가족이나 친구를 위해 기도한다.					
5. 내가 가진 은사와 재능을 교회와 이웃을 돕는 데 사용한다.					
6. 하나님을 믿지 않는 이웃이나 동료에게 복음을 전하고 있다.					
7. 가난한 사람들을 물질로 구제하는 일에 동참하고 있다.					
8. 질병이나 문제로 아파하는 이웃을 위해 중보기도를 하거나 위로해 준다.					
9. 교회나 사회에서 진행하는 나눔과 도움 프로그램이나 캠페인에 참여한다(예, 헌혈, 구제를 위한 기금이나 물품 모금 등)					
10. 어떤 보상이나 대가 없이 친절과 사랑을 실천한다.					

각 문항마다 체크한 점수를 합산합니다.
사랑나눔지수 합계 (   )점

성경과의 만남

사도행전 9장 36절에서 40절까지 읽어보십시오.

> ³⁶ 욥바에 다비다라 하는 여제자가 있으니 그 이름을 번역하면 도르가라 선행과 구제하는 일이 심히 많더니 ³⁷ 그 때에 병들어 죽으매 시체를 씻어 다락에 누이니라 ³⁸ 룻다가 욥바에서 가까운지라 제자들이 베드로가 거기 있음을 듣고 두 사람을 보내어 지체 말고 와 달라고 간청하여 ³⁹ 베드로가 일어나 그들과 함께 가서 이르매 그들이 데리고 다락방에 올라가니 모든 과부가 베드로 곁에 서서 울며 도르가가 그들과 함께 있을 때에 지은 속옷과 겉옷을 다 내보이거늘 ⁴⁰ 베드로가 사람을 다 내보내고 무릎을 꿇고 기도하고 돌이켜 시체를 향하여 이르되 다비다야 일어나라 하니 그가 눈을 떠 베드로를 보고 일어나 앉는지라

1. 다비다도르가는 예수님의 어떤 여제자로 평가받은 자였습니까? 36절

2. 다비다의 죽음의 상황에서 누구를 초청했습니까? 38절; cf. 약 5:14-15

3. 다비다의 집에 모여든 모든 과부들은 베드로에게 무엇을 증언하였습니까?
   39절

4. 베드로는 다비다를 위해 어떻게 기도했습니까? 40절; cf. 왕상 17:21; 요 11:43

5. 다비다가 살아난 기적은 그녀의 어떤 삶과 연관이 있을까요? 36절

4차원 절대긍정학교

사랑나눔의 훈련

인류 역사의 시계는 예수님 탄생을 기준으로 기원전B.C.과 기원후A.D.로 나뉩니다. 인류 역사뿐 아니라 우리 인생에도 B.C.와 A.D.가 있어야 합니다. 예수님을 알기 전, 죄와 사망의 권세 아래 있을 때의 모습과 예수님을 알고 난 후의 모습은 달라야 합니다엡 5:8. 절대긍정의 상징인 십자가를 통해 주어진 하나님의 은혜를 경험한 성도는 자신이 받은 사랑을 베풀고 나누며 살아갑니다.

1. 사랑나눔의 중요성

1) 긍정의 에너지가 충전된다

긍정적인 사람은 사랑을 나눌 수 있습니다. 또한 부정적인 사람도 사랑을 실천하게 되면 긍정적인 사람으로 변화될 수 있습니다. 오스트리아의 심리학자 알프레드 아들러Alfred Adler 박사는 우울증 환자들에게 '이웃을 행복하게 해주고 사랑을 베풀라'는 처방을 내렸는데, 이를 실천한 환자들의 우울증이 치료되었다고 합니다. 이처럼 사랑을 나누고 베풀면, 사랑도 기쁨도 긍정의 부메랑으로 내게 다시 돌아오고 우울증도 치료될 수 있습니다요 12:24.

2) 행복의 열쇠이다

'100세가 넘은 철학자'로 알려진 연세대학교 김형석 명예교수는 이기적인 사람은 절대 행복할 수 없다고 말했습니다cf. 딤후 3:1-2. 사랑은 받는 사람만 아니라 주는 사람도 행복하게 합니다cf. 요 3:16; 요일 3:16. 사랑할 때, 우울과 불안의 근원인 자기 중심성에서 벗어날 수 있기 때문입니다. 사랑받고 사랑할 때 건강해지고 행복감이 높아집니다cf. 잠 16:24; 히 13:16.

3) 인생의 가장 중요한 사명을 이룬다

예수님의 십자가로 인해 우리 삶의 모든 부정적인 것들이 사라졌습니다요일
4:4. 절대긍정의 믿음을 통해 죽음에서 생명으로, 어둠에서 빛으로, 절대절망에
서 절대희망으로 옮겨졌기 때문입니다골 1:13. 복음전파와 사랑나눔은 죽기까지
해야 할 우리의 가장 큰 사명입니다행 20:24; 요 13:34; 고전 13:13.

 다른 사람에게 작은 것이라도 사랑을 나누고 실천함으로 기쁨을 느꼈던 경험
이 있는지 생각해 보고, 함께 나누어 봅시다(cf. 창 18:1-19).

2. 사랑나눔의 방법

1) 사랑의 근육을 키우라

릭 워렌Rick Warren 목사님은 열심히 운동해야 우리 근육이 강하고 민첩해지
는 것처럼 사랑의 근육도 자주 연습하고 훈련해야 한다고 말씀합니다. 하나님은
이스라엘 백성에게 사랑나눔을 훈련하셨습니다. 하나님께 첫 이삭을 드리는 것
출 23:19; 잠 3:9, 추수할 때 곡식과 과일을 모두 거두지 않고 조금 남기는 것레 19:9-10,
나그네와 이방인을 돌보는 것신 24:19-21, 이는 사랑의 근육을 단련하는 하나님의
훈련법이었습니다. 대가를 바라지 않는 나눔과 베풂은 하나님의 큰 복을 받는
비결입니다신 14:29; 잠 19:17; 눅 6:38; 눅 14:12-14; 딤전 4:8.

사도 바울은 에베소 교회의 장로들에게 자신이 어떻게 모범이 되며, 또 어떤 자가 복이 있다고 말하고 있습니까? (행 20:35)

_____

_____

2) 기도와 사랑으로 복음을 전하라

복음에는 절대긍정 하나님의 사랑과 예수님의 생명이 담겨있습니다요 3:16; 막 10:45. 그러므로 복음전파는 우리가 할 수 있는 가장 큰 사랑나눔의 행위입니다. "예수님을 믿으세요" 외치는 것도 필요하지만, 그 사람을 위해 계속 기도하며 하나님의 사랑을 나타내는 것은 더 중요합니다. 우리가 사랑을 행할 때 세상 사람들이 보이지 않는 하나님을 보게 될 것입니다요일 4:8-11.

 나에게 복음을 전해준 사람은 누구입니까? (cf. 딤후 1:5) 그때의 감격을 기억하고 있습니까?

_____

_____

3) 사람들의 필요에 민감하라

주변 사람의 필요를 아는 민감성sensitivity이 필요합니다. 예수님은 사람들의 영적 필요뿐 아니라 육체적, 정서적 필요도 채워주셨습니다마 9:20-22; 마 14:15-21; 요 4:14. 초대교회의 성도인 다비다도르가는 가난한 자들과 과부를 위해 손수 지은 옷을 나눠 주며 친절과 사랑을 실천했습니다행 9:36-42. 사랑나눔은 타인을 향한 작은 관심에서 시작됩니다.

요셉은 감옥에서 술 맡은 자와 떡 굽는 자의 얼굴에서 무엇을 보았습니까? 그들의 꿈을 어떻게 해몽해 주었습니까? (창 40:5-19)

_____

_____

4) 작은 것이라도 나누라

사랑나눔은 크고 거창한 데만 있지 않습니다. 세례침례 요한은 옷 두 벌 있는 자는 옷 없는 자와 나누고 먹을 것이 있는 사람도 남과 나누라고 설교했습니다눅 3:11. 내가 가진 물질, 지식, 재능을 나눌 수 있고, 내가 받은 성령의 은사로 교회와 사람들을 섬길 수 있습니다롬 12:6-8. 다른 사람의 말을 들어주고 그 마음을 위로하고 격려하는 것도 사랑의 방법입니다사 40:1; 골 4:7-8. 사랑의 섬김에는 크고 작음이 없습니다마 25:35-40.

 작게라도 내가 실천할 수 있는 사랑나눔은 무엇이 있을까 생각해 보십시오 (cf. 약 2:15-17).

_____

_____

진정한 예배가 숨쉬는 교회

원제 : 이런 교회 되게 하소서

김인식

적용을 위한 다짐과 실천

1. 지난 한 주간 동안 나에게 베푸신 하나님의 은혜에 대하여 나누어 봅시다.

2. 지금까지 '사랑나눔의 훈련'에 대해 공부했습니다. 오늘 공부에서 느끼고 깨달은 바를 함께 나누어 봅시다sharing time.

3. 사랑은 표현되어야 합니다cf. 롬 5:8. 톨스토이는 "세상에서 제일 중요한 사람은 바로 당신 옆에 있는 사람이다"라고 말했습니다. 옆에 있는 사람에게 "당신을 축복합니다. 사랑합니다!"라고 서로 고백해 봅시다.

4. 예수님이 세상을 떠날 때가 가까운 줄 아시고 하신 일은 무엇입니까? 요 13:1 나도 내 삶을 어떻게 마무리하면서 살아가야 할까요? cf. 벧전 4:7-8

5. 내가 가진 것들 중에서 사랑을 나눌 수 있는 것은 무엇일까요?

오늘의 과제	사랑을 나누고 실천할 수 있는 방안에 대해 3가지 이상 생각해 봅시다.

암송 구절

"주라 그리하면 너희에게 줄 것이니
곧 후히 되어 누르고 흔들어 넘치도록 하여
너희에게 안겨 주리라"(누가복음 6:38)

"Give, and it will be given to you. A good measure, pressed down,
shaken together and running over, will be poured into your lap."(Luke 6:38)

절대긍정 선포문

"나는 하나님의 사랑이 내 인생의 가장 중요한 사명임을 깨닫고
작은 것이라도 사랑을 나누고 베풀며 살 것을 다짐합니다!"

묵상 명언

"오직 남을 위해 산 인생만이 가치가 있다."
알버트 아인슈타인

절대긍정 선포문

1. 나는 절대긍정의 가치와 중요성을 알고 긍정지수를
   높이기 위해 헌신하겠습니다!

2. 나는 하나님이 절대긍정의 하나님이심을 믿고
   하나님을 전적으로 신뢰하겠습니다!

3. 나는 하나님의 걸작품이며 하나님이 나를 축복하셔서
   사용하실 것을 믿습니다!

4. 나는 타인을 존중하고 사랑하며 하나님께서 나를 통해
   그들을 축복하실 것을 믿습니다!

5. 나는 하나님이 나를 부르신 일과 사명에 대해 감사하며
   성실하게 감당하기로 다짐합니다!

6. 나는 내가 처한 환경에 하나님의 주권이 있음을 믿고
   내가 있는 모든 곳에서 긍정적인 영향력을 발휘하기로
   헌신합니다!

7. 나는 미래에 대한 기대감을 가지고 하나님의 꿈과
   비전을 이루어 가는 사명자가 될 것입니다!

8. 나는 긍정적인 말의 위력을 마음에 새기고 하나님의
   말씀을 내면화하여 긍정언어의 습관을 가질 것을
   다짐합니다!

9. 나는 어떤 상황에도 매일 하나님께 감사의 마음으로
   감사를 선포할 것을 다짐합니다!

10. 나는 하나님의 사랑이 내 인생의 가장 중요한 사명임을
    깨닫고 작은 것이라도 사랑을 나누고 베풀며 살 것을
    다짐합니다!

절대긍정지수(PQ) 측정 및 평가

긍정지수(PQ, Positivity Quotient)는 인생의 가장 중요한 자산입니다. PQ는 IQ, 환경, 운명을 뛰어넘는 위대한 힘입니다. PQ가 높아질수록 당신의 삶에 놀라운 변화와 기적이 일어날 것입니다.

『4차원 절대긍정학교』 교육과정을 끝내고 PQ 체크 리스트 평가에 도달하신 여러분을 환영합니다. 여기서는 교재 각 장의 주제 강의마다 나왔던 긍정지수를 측정하고 평가해 보는 시간입니다. 다음 순서에 따라 진행해 봅시다.

1. 10가지 영역의 절대긍정지수 점수를 적고 합산해 보세요.

* 각 영역마다 50점 만점, 10가지 항목 총점 만점은 500점 입니다.

no	영역	합계
1	긍정태도지수	점
2	긍정믿음지수	점
3	자기긍정지수	점
4	타인긍정지수	점
5	사명긍정지수	점
6	환경긍정지수	점
7	미래긍정지수	점
8	긍정언어지수	점
9	절대감사지수	점
10	사랑나눔지수	점
총점		점

2. 총점을 5로 나누어 보세요.(100점 기준으로 환산)

* 예 | 총점이 400점이면 당신의 점수는 80점이 나옵니다(400÷5=80).

자신의 점수를 기록해 보십시오. (   ) 점

---

3. 당신의 PQ(100점 환산 기준)는 어디에 속하는지 알아보세요.

90~100점	당신의 PQ는 탁월합니다. 아주 긍정적인 사람입니다.

절대긍정의 에너지를 소유한 당신은 무엇을 해도 행복하고 성공할 수 있습니다.
당신의 삶을 통해 나타날 놀라운 기적을 기대합니다.

80~89점	당신의 PQ는 아주 높은 편입니다. 긍정적인 사람입니다.

높은 수준의 긍정 에너지를 소유한 당신, 이 에너지를 살려 활동하면
큰 성공을 거둘 수 있습니다. 부족한 부분을 보완하여 탁월성을 향해 나아가십시오.

60~79점	당신의 PQ는 괜찮은 편입니다. 긍정적인 면을 많이 가지고 있네요.

당신 안에 긍정의 자산이 많습니다. 10가지 영역 중
가장 취약한 부분은 무엇입니까? 성령의 인도를 따라 부족한 부분을 보완한다면
절대긍정 에너지의 소유자가 될 수 있습니다.

40~59점	당신의 PQ는 낮은 편입니다. 당신 안에 긍정과 부정의 싸움이 벌어지고 있군요

마음과 생각을 더 잘 관리할 필요가 있습니다.
긍정의 사람과 교제하고 절대긍정의 생각, 선포, 활동을 습관화 해보시기 바랍니다.
큰 변화가 일어날 것입니다.

39점 이하	당신의 PQ는 아주 낮은 편입니다. 아쉽게도 부정지수가 더 높게 나타나네요.

긍정지수를 위해 큰 노력이 필요합니다. 하지만 실망하지 마세요.
당신에겐 절대긍정의 하나님이 계십니다.
집중적인 상담과 훈련을 받는다면, 당신도 긍정의 사람이 될 수 있습니다.

| 상담 및 교육 문의 |
절대긍정 코칭센터 TEL. 02-2036-7913 Absolute Positivity Coaching Center

4차원
절대긍정학교

초판 1쇄 발행 | 2023년 5월 12일
초판 5쇄 발행 | 2024년 9월 13일

지 은 이 | 이영훈
편 집 인 | 홍영기
펴 낸 곳 | 교회성장연구소

등록번호 | 제 12-177호
주   소 | 서울시 영등포구 은행로 59, 4층
전   화 | 02-2036-7936
팩   스 | 02-2036-7910
쇼 핑 몰 | www.pastor21.net

I S B N | 978-89-8304-213-2 03230

"무슨 일을 하든지 마음을 다하여 주께 하듯 하라" 골 3:23

교회성장연구소는 한국 모든 교회가 건강한 교회성장을 이루어 하나님 나라에 영광을 돌리는 일꾼으로 성장하는 것을 목표로, 목회자의 사역은 물론 성도들의 영적 성장을 도울 수 있는 필독서를 출간하고 있다. 주를 섬기는 사명감을 바탕으로 모든 사역의 시작과 끝을 기도로 임하며 사람 중심이 아닌 하나님 중심으로 경영한다. "무슨 일을 하든지 마음을 다하여 주께 하듯 하라"는 말씀을 늘 마음에 새겨 하나님께서 주신 사명을 기쁨으로 감당한다.